PIERANGELO MASET

Geistessterben

Eine Diagnose

RADIUS

Pierangelo Maset, 1954 in Kassel geboren, studierte Kunst/Visuelle Kommunikation, Philosophie, Anglistik und Soziologie in Kassel, Göttingen, Berlin und Hamburg. Seit Ende der siebziger Jahre Ausstellungen, Lesungen und Performances. In den 80er Jahren Schallplattenveröffentlichungen, in den Neunzigern Mitbegründer des *HYDE-Kartells* in Berlin. 1995 Promotion: *Ästhetische Bildung der Differenz. Kunst und Pädagogik im technischen Zeitalter.* Seit 2001 Professor für Kunst und ihre Vermittlung an der Universität Lüneburg, Lehraufträge in Weimar, Linz, Canterbury, Hamburg und Kassel. 2005 erschien sein Roman-Debüt *Klangwesen.* Pierangelo Maset ist seit 2006 Chefredakteur von DAS PLATEAU. Die Zeitschrift im Radius-Verlag. Zahlreiche Veröffentlichungen in den Gebieten Kunst, Ästhetik, Kunstvermittlung. 2007 wurde sein Roman *Laura oder die Tücken der Kunst* für den Deutschen Buchpreis nominiert.

ISBN 978-3-87173-910-1

Lektorat: Bill Masuch
Umschlag: André Baumeister
Gesamtherstellung: CPI – Clausen & Bosse, Leck
Printed in Germany

für Chiara, Michael und Patricia

Vorrede

Dieses Buch führt ein neues Wort in den deutschen Sprachgebrauch ein: Geistessterben. Wir kennen Wörter wie Geistesblitz, Geisteswissenschaft, Geistesverwandtschaft, Geistesgegenwart, Geisteszustand, Geistesarbeit oder Geistlichkeit, auch das Wort Geistesleben wird allgemein, wenn auch nicht allzu häufig, verwendet. Geistessterben hingegen kommt etwas befremdlich daher, weil es einerseits altmodisch klingt und andererseits etwas beschreibt, das schwer zu fassen ist. In der Tat beschäftigt sich der hier vorliegende Text mit einigen unfasslichen Entwicklungen, die unsere Epoche kennzeichnen.

Der Leser, der sich im großen Lexikon der Gebrüder Grimm auf die Suche begibt, wird das Wort *Geistessterben* nicht finden. Er kann auf *Geistesleere, Geistesmord, Geistesnahrung, Geistesprobe* und *Geistesschaum* treffen, auch auf *Geistesriese, Geistesleiden, Geistesmangel, Geisteswollust* und manch andere Einträge, nicht jedoch auf *Geistessterben*. Das ist einigermaßen erstaunlich, denn gerade der deutsche Sprachraum brachte im zwanzigsten Jahrhundert manch sprachgewaltige Ausprägung des Kulturpessimismus hervor, die sich aber allesamt nicht einem *Geistessterben* verschrieben hatten.

Dieses Buch will nicht in der kulturpessimistischen Kerbe ritzen, vielmehr würde es sich gern als Ausdruck eines ungebrochenen Optimismus verstehen, der die Behauptung des Geisteslebens in einer Zeit beansprucht, die von seinem völligen Gegenteil erfüllt ist: vom ökonomischen Nützlichkeitsdenken und einem erstickenden Pragmatismus, der vielleicht am deutlichsten in der gebetsmühlenartig wiederholten Parole *there is no alternative (TINA)* zum Ausdruck kommt. Wir müssen ihr dringend etwas entgegensetzen, etwa ein ungebrochen herausposauntes *there is always an alternative! (TIAAA)*, andernfalls könnten wir uns gleich als willentliche Befolger von Denkverboten betrachten und damit zu unfreiwilligen Sterbehelfern werden.

Worum soll es also gehen? Angesichts einer Entwicklung, die die Gesellschaft verstärkt seit den neunziger Jahren mit dem Fingerzeig auf den »globalen Wettbewerb« erpressbar gemacht hat, sollten wir die Augen nicht davor verschließen, dass wir in einer Zeit der anhaltenden Krise in nahezu allen gesellschaftlichen Bereichen leben. Es handelt sich um eine Krise, die grundlegende zivilisatorische Errungenschaften bereits ausgehöhlt hat, vom Sozialstaat, der auf einem Konsens unterschiedlicher gesellschaftlicher Schichten, Gruppen und Institutionen gründete, bis zur Erosion unseres Bildungssystems, das einmal als einzigartig gelten konnte. Am meisten hat die Krise nicht das Finanzsystem erschüttert, das sich ohnehin durch großzügige Gaben der westlichen Regierungen – sprich durch Umleitung von Steuergeldern – rasch wieder erholen kann, sondern die Dimension der Existenz, die gerade nicht auf die kalkulierbaren Einheiten zu reduzieren ist, die Dimension, die hier nahezu nostalgisch als *Geistesleben* bezeichnet wird.

Pausenlos leben wir in einer Krisenzeit. Vom weltweiten Bienensterben bis zur Ölkatastrophe am Golf von Mexiko und der in immer neue Szenarien ausufernden Finanzkrise ereilen uns Meldungen wie Meteoriten der Beunruhigung. An all diesen Krisen ist der Mensch beteiligt, und an allen Krisen wird deutlich, dass die eigentliche Krise eine solche des Geistes ist. Unser Bewusstsein hat es offensichtlich nicht vermocht, im Zuge seiner rasanten Entwicklung die Komplexität entscheidender Kräfte des Lebens mitzubedenken. Unser Denken hat sich einseitig auf technologische und ökonomische Effizienz konzentriert, es hat die Vielschichtigkeit des Lebens, die Einmaligkeit der Existenz in den Hintergrund gedrängt, zu Gunsten einer technokratischen Vernunft, die noch das Allerletzte aus dem Planeten und ihren Bewohnern herausholen will, um den größtmöglichen Komfort für die privilegierten Zivilisationen zu erzielen. Dass dabei das Lebendige in Diagramme und Zahlenspiele, Bilanzen und Portfolios verwandelt wird, ist den gesellschaftlich Verantwortlichen für diese Entwicklungen offenbar nicht bewusst oder aber gleichgültig. Die Gesellschaft scheint sich überhaupt zu einem komfortablen Gefängnis entwickelt zu haben, an dessen Perfektionierung wir täglich arbeiten.

Während die Eliten sich mehr und mehr abschotten und ohne größere Behinderung ihre Bastion der Privilegien weiter ausgebaut haben, ist die Mehrheit der Gesellschaft von Antrieben und Zielen erfüllt, die ihr durch die Aussendungen der Werbung und der stets sendungsbewussten Massenmedien eingeprägt worden sind. Unsere Kultur hat sich immer mehr zur Wirtschaftskultur verwandelt, die unter der Maßgabe des Kennziffern-Denkens die gesamte menschliche

Existenz zu berechenbaren Größen geformt hat. Die auf »Output« und Gewinnmaximierung gerichtete ökonomische Maschinerie hat sich unterdessen in allen Lebensbereichen verselbständigt. Sie führt eine anschwellende, anscheinend durch nichts aufzuhaltende Bürokratiewelle mit sich, die wertvolle Lebens- und Arbeitszeit in sich selbst bestätigende Überprüfungen und Kontrollen verwandelt. Nichts bleibt mehr markierungslos, alles wird zur Marke, das »Humankapital« wird zum Leitbild des heutigen Daseins. Gleichzeitig wandelt sich die sogenannte *Öffentlichkeit* zur Schattenwelt einer überall präsenten medialen Inszenierung, die vor allem eins feiert: sich selbst und die allgemeine Beweiskraft ihrer beschränkten Grundsätze. Die normative Kraft des Faktischen ist zum Prinzip dieser Entwicklung geworden und das *Geistesleben* offenbar nichts, das noch irgendeinen Respekt verdiente, denn es ist weder besonders blendend in den Medien aufführbar noch ökonomisch von großem Belang.

Es hat sich ein fataler gesellschaftlicher Standard des ökonomischen Denkens etabliert, der seinen Begriff von Rationalität über alles andere erhoben hat und es im Verbund mit politisch-pragmatischen Ideologien vermochte, diesen Standard als den einzig gültigen zu setzen, an dem sich alle anderen Formen des Denkens messen lassen müssen. Von daher sind einige Fragen berechtigt, die hier nicht alle beantwortet werden können, aber deren Horizonte zu skizzieren sind. Ist der Begriff des *Geisteslebens* überhaupt noch von Belang in einer Zeit, in der die Medientechnologien und das forcierte wirtschaftliche Denken die Geschicke der Zivilisation leiten? Wie und wo könnte und sollte sich unter diesen Bedingungen heute ein Geistesleben ereignen? Ist das Beharren auf diesem Begriff nicht ein ziemlich antiquiertes Unterfangen? Und. Von welcher Warte aus kann die Diagnose des *Geistessterbens* überhaupt vorgenommen werden? Zur letzten Frage ein sofortiger Versuch der Beantwortung: Der Autor schwimmt mitten im Strom einer allgemeinen Entwicklung, er lebt nicht in einem komfortablen Außenraum, von dem aus er kühl und sachlich die Dinge beobachten und beschreiben könnte, er befindet sich mitten im Strom und ist selbst Zeuge, Opfer und Täter des hier diagnostizierten Geistessterbens. Möglichweise trägt er mit dieser Schrift sogar zu einem schnelleren Dahinscheiden des Geistes bei, oder aber er ist selbst Ausdruck von hier beschriebenen Tendenzen. Er verfügt nicht über ein höheres oder besseres Bewusstsein. Seine Finger bearbeiten eine Tastatur, die mittels elektronischer Impulse, Soft- und Hardware Daten erzeugt, die auf Bildschirmen sichtbar werden können. Der Autor befindet sich selbst innerhalb eines medialen Raumes, den er nicht ohne Weiteres verlassen kann (der Text entsteht, während Jóhann Jóhannssons *Fordlandia* immer wieder läuft). Er wird seine Daten an den Verlag senden, der sie wiederum elektronisch erfassen, weiterverarbeiten und weitergeben wird. So wird heute überall gearbeitet, und wer es anders machen wollte, würde enormen zusätzlichen Aufwand und höhere Kosten verursachen. Der Autor bewegt sich also innerhalb der geschlossenen Produktionswelt einer technischen Zivilisation, deren digitale Errechnungen und deren mediales Ringen um Aufmerksamkeit auch den Takt des Wortes bestimmen, das diese Entwicklung problematisiert. Die elektronisch-digitale Bildschirmwelt ist nicht mehr nur ein Hilfsmittel oder Werkzeug, sondern sie stellt für viele Menschen das entscheidende Bezugssystem dar. Bezeichnend für unsere heutige Lage ist, dass die rasante und totale Entwicklung der Mediengesellschaft nur das als wichtig und bedeutsam wahrnimmt, das in irgendeiner Form in einer medialen Plattform sichtbar wird. Gleichzeitig erleben wir eine mediale Bündelung von Aufmerksamkeit, in der die unwichtigsten Dinge zentral und die wichtigeren marginal werden. – All das sind Bedingungen des Schreibens über das *Geistessterben*.

Wenn wir uns die Frage stellen, was wir den nachfolgenden Generationen gern mitgeben würden auf der ungewissen Reise in ihre jeweilige Zukunft, dann sind das weder mediale Show-Effekte noch die haltlose Gier, die den gesamten Planeten auspresst und letztlich zerrüttet. Als kulturelle Gabe für die nachfolgenden Generationen sind solche Auswüchse kaum geeignet, vielmehr wären es – im günstigsten Falle – geistige Impulse, die wir als Bewahrer eines wie auch immer gearteten Geisteslebens als das Positive ansehen würden, das zur Weitergabe an die nächsten Generationen geeignet wäre. Sofort fielen uns in dieser Perspektive Werke der Kunst, Literatur, Philosophie ein – all das, was als kulturelle Überlieferung gelten kann.

Fraglos gibt es kritische Diagnosen zum *Geistessterben* oder ähnlich benannten Befunden seit längerer Zeit. Wir finden sie in der Geschichte des Denkens in hohen Formen und Ausführungen. So hatte

Hegel in der Vorrede zur *Phänomenologie des Geistes* eine eindrückliche Passage hierzu verfasst: »Das Auge des Geistes musste mit Zwang auf das Irdische gerichtet und bei ihm festgehalten werden; und es hat einer langen Zeit bedurft, jene Klarheit, die nur das Überirdische hatte, in die Dumpfheit und Verworrenheit, worin der Sinn des Diesseitigen lag, hineinzuarbeiten und die Aufmerksamkeit auf das Gegenwärtige als solches, welche *Erfahrung* genannt wurde, interessant und geltend zu machen. Jetzt scheint die Not des Gegenteils vorhanden, der Sinn so sehr in dem Irdischen festgewurzelt, dass es gleicher Gewalt bedarf, ihn darüber zu erheben. Der Geist zeigt sich so arm, dass er sich, wie in der Sandwüste der Wanderer nach einem einfachen Trunk Wassers, nur nach dem dürftigen Gefühle des Göttlichen überhaupt für seine Erquickung zu sehnen scheint. An diesem, woran dem Geiste genügt, ist die Größe seines Verlustes zu ermessen.«

Die weitreichende Ausblendung des Spirituellen, die Reduzierung der Existenz auf die pragmatischen Ebenen, die suchtartige Hingabe an die elektronisch gesteuerten Oberflächen: All das kann nicht das letztliche Ziel unserer zivilisatorischen Unternehmungen sein. Wir stehen – auch für die nachfolgenden Generationen – in der Pflicht, eine menschenwürdigere, gerechtere und freiere Welt mitzugestalten und die anhaltende Beerdigung zivilisatorischen Fortschritts durch die politische Ökonomie und ihre internationalen Medien-Netzwerke wieder zurückzudrängen. Es muss heute verstärkt wieder darum gehen, Licht ins Dunkel der Entwürdigung der Existenz zu bringen, in anderen Worten: Aufklärung zu betreiben. Unsere Zeit ist keinesfalls leuchtender als die von Friedrich von Schiller in seinem zweiten Brief »Über die ästhetische Erziehung des Menschen« betrachtete: »Der Nutzen ist das große Idol der Zeit, dem alle Kräfte fronen und alle Talente huldigen sollen. Auf dieser groben Wage hat das geistige Verdienst der Kunst kein Gewicht, und, aller Aufmunterung beraubt, verschwindet sie von dem lärmenden Markt des Jahrhunderts. Selbst der philosophische Untersuchungsgeist entreißt der Einbildungskraft eine Provinz nach der andern, und die Grenzen der Kunst verengen sich, je mehr die Wissenschaft ihre Schranken erweitert.« – Diese Diagnose verfügt über einen bleibenden prognostischen Wert, an dem wir uns orientieren können. Wie steht es heute mit einer Entwicklung, die Schiller gegen Ende des achtzehnten Jahrhunderts bereits so deutlich beschreiben konnte?

Anhand der Betrachtung von vier unterschiedlichen Bereichen unserer Gesellschaft soll die Diagnose für unsere Epoche vorgenommen werden. Es handelt sich dabei um die Bereiche Ökonomie, um die digitalen Technologien, die Bildung und die Kunst. In diesen vier Bereichen lässt sich – stellvertretend für viele andere – beispielhaft der Prozess des *Geistessterbens* beobachten.

1 Die totale Ökonomie als Ausdruck des Geistessterbens

Die Rede vom *Geistessterben* erweckt den Anschein, entweder hoffnungslos rückständig einen früher angeblich besseren Zustand zu beschwören oder aber einigermaßen anmaßend von der Warte eines vermeintlich »besseren« Bewusstseins aus zu argumentieren. Diese beiden Haltungen sollen hier möglichst nicht kultiviert werden. Vielmehr soll die Tatsache bedacht werden, dass der schleichende Verlust oder das allmähliche Verschwinden eines »Geisteslebens« von vielen Mitmenschen und Zeitgenossen kaum noch wahrgenommen wird, da sie es offensichtlich nicht für ihre Existenz benötigen und durch anderes ersetzen können. Es kann nicht übersehen werden, dass unsere Gesellschaft in zentralen Bereichen – seien es die Wirtschaft, die Politik, die Bildung oder die Kultur – von einer grassierenden Deformation betroffen ist. Es lassen sich grundlegende Veränderungen unserer geistigen Verfassung wahrnehmen, die für unsere Zukunft von entscheidender Bedeutung sind. Wir leben in einer Epoche des Übergangs, in der sich entscheiden wird, ob wir uns von einer technisch-ökonomischen Mentalität bestimmen lassen wollen oder ob wir die nicht eingelösten Versprechen der Aufklärung (*Freiheit, Gleichheit, Brüderlichkeit*) erfüllen können. Die ökonomisch-technokratische Maschinerie ist bereits weit gediehen. Sie harmoniert bestens mit den Paradigmen der Betriebswirtschaftler und Controller, die sich in alle gesellschaftliche Sphären eingeschlichen haben und die es vermochten, ihre Denkweisen als die gültigen zu verbreiten, als die einzigen, die für die Entwicklung von Demokratie und Wohlstand von Belang sein sollen. Ihre Lobbyisten-Büros sind mittlerweile in den Machtzentralen von Brüssel bis Berlin neben denen der Politiker installiert, die gern auf ihre Expertisen zurückgreifen, um »unpopuläre Entscheidungen« zu treffen oder »Visionen« zu verkünden, die dann zumeist in mehr oder weniger geschickt verpackten Rationalisierungs- oder Konsolidierungsmaßnahmen bestehen: »Neben den neugegründeten Reforminitiativen spielen die großen Unternehmensstiftungen, allen voran die allgegenwärtige Bertelsmann Stiftung, eine zentrale Rolle, wenn es darum geht, den politischen Diskurs der Bundesrepublik zu steuern. [...] Die Bertelsmann Stiftung und das mit ihr verbandelte Centrum für angewandte Politikforschung (CAP) waren in den letzten Jahren der Kontakthof, in dem Politik und Wirtschaft politische Entscheidungen vorbesprechen« (Müller 2007, S. 312).

Unsere gewählten Vertreter neigen in der unübersichtlichen Mediengesellschaft mehr und mehr zum *Outsourcing* auch ihrer gedanklichen Tätigkeit, die den »Profis« entsprechender Beraterfirmen überlassen wird, womit allerdings auch die politisch-ökonomischen Strategien dieser Firmen in die Politik der Volksvertreter einmünden. Hierdurch werden vom Volk gewählte Politiker immer mehr zu *Vertretern*, zu Repräsentanten von Ideen und Methoden aus der Welt des Controllings und Benchmarkings. Eine fatale Vermischung hat stattgefunden: Das politische Denken hat sich den ökonomischen Kennzahlen und den Netzwerkstrategien zur Konstruktion wirtschaftlicher Dominanz (die oft als Spekulation daherkommt) untergeordnet, das Erzielen wirtschaftlicher Erfolge soll nach den gleichen Regeln erfolgen wie das Erringen politischer Wahlsiege. Damit die demokratische Kontrolle aber überhaupt erhalten werden kann, müssten das politische und das ökonomische System wieder deutlich stärker voneinander getrennt operieren – dies wäre zum Beispiel aus Sicht der *Systemtheorie*, die die jeweilige Autonomie der Teilsysteme einer Gesellschaft als Grundlage für deren Funktionieren beschreibt, eine wichtige handlungsleitende Erkenntnis. Von dieser Autonomie haben wir uns jedoch weit entfernt.

Doch nicht zuletzt die immer noch nicht ausgestandene weltweite Finanzkrise hat im noch jungen einundzwanzigsten Jahrhundert die Wahrnehmung für die verhängnisvollen Auswirkungen dieser Tendenzen geschärft, und vielen renommierten Wirtschaftsforschern sind die Zusammenhänge bewusst: »So sollten wir uns rasch von der Ranking- und Rating-Manie der letzten Jahre befreien. Trotz zahlreicher konzeptioneller und empirischer Mängel wurden Ranking- und Rating-Ergebnisse zum Kompass nicht nur des Kommentariats, sondern auch der Politik. Viele der Länder, die die Krise mit auslösten – von den Vereinigten Staaten über das Vereinigte Königreich bis hin zu Spanien und Irland –, wurden so jahrelang als ›Vorbilder‹ gepriesen, ohne dass es auch nur den kleinsten Hinweis auf ihre fragilen Strukturen gegeben hätte. Krisen wie die aktuelle lassen sich nicht prognostizieren, aber letzter wären anders verlaufen, hätten wir uns frühzeitig erinnert, dass billiges

Geld, Bauboom und steigende Immobilienpreise nicht ewig tragen« (Heilemann 2009, S. 118).

Die fatale und mittlerweile totale Ökonomisierung aller Lebensbereiche führt zu nichts anderem als einer allmählichen Auslöschung geistigen Lebens zu Gunsten vorgefertigter betriebswirtschaftlicher Modelle, die ihre geistesarmen Schablonen in Form von Powerpoint-Präsentationen über den gesamten Erdball verteilt und ohne Unterlass wiederholt haben. Ein Prinzip aus der Werbung ist dabei hartnäckig verfolgt worden: Je öfter eine Nachricht wiederholt wird, desto mehr prägt sie sich ein und umso »wirklicher« wird sie. Die daraus erfolgende allgemeine Verbreitung einer »Blasenbildung« ist eines der Symptome des hier diagnostizierten *Geistessterbens,* in dessen Vollzug Leerformeln das Denken besetzen und die mentale Verfassung ganzer Gesellschaften zerrütten. Der standardisierte ökonomische Verstand greift zuletzt das Denken selbst an, reduziert es auf visuell darstellbare »Komponenten« und »Module« und tötet schließlich die nicht-messbare, nicht-planbare geistige Tätigkeit ab. Doch die Entscheidung für die (Um-)Gestaltung der Gesellschaften im Sinne des Neoliberalismus ist in den letzten Jahrzehnten von Wählern und Regierungen in globalem Maßstab getroffen worden. Diese Entscheidung ist gleichbedeutend mit intellektuellem Selbstmord.

Unter der Hand ist nach und nach alles in das ökonomisch Notwendige verwandelt worden, eine Entwicklung, die so dramatisch ist, weil sie mit zunehmender Tendenz die demokratische Verfasstheit unserer Gesellschaft auflöst. Die Durchsetzung eines neuen Totalitarismus ist nicht von Skinheads, Hooligans oder Autonomen zu befürchten, sondern sie geht heute eher von den sogenannten *Leistungsträgern* aus, die mittlerweile die gesamte Gesellschaft als Spielfeld für ihre Spekulationen erkoren haben und ihren eigentlich durch nichts zu legitimierenden Elite-Status mit allen Mitteln – legalen wie illegalen – zu verteidigen bereit sind. Die nächste Diktatur in unserem Land wird weder von links noch von rechts kommen, sondern vielmehr aus der sogenannten Mitte der Gesellschaft, aus den Beratungsbüros und Lehrgangscentern, die das Wirtschaften als kriegerisches Prinzip verfolgen, mit sprachlichen Bösartigkeiten wie »Humankapital«, »Personalfreisetzung« und »Umstrukturierung«, in Englisch harmloser klingend (beispielsweise »Reengineering«, »Downsizing« oder »Shareholder-Value«). Eine neue Form der totalitären Herrschaft bahnt sich längst als *Wirtschaftstotalitarismus* an, als übergriffige Verabsolutierung des betriebswirtschaftlichen Denkens, dessen Perspektive in alle Lebensbereiche übertragen wird. Diese fatale Tendenz hat sich tief in das politisch-soziale System eingeschlichen, sie greift in alles ein, vor allem auch in die individuellen Sphären; und das Denken selbst wird angegriffen, insofern das ökonomisch orientierte Nützlichkeitsdenken sich in allen wichtigen Institutionen als allgemeine Perspektive durchgesetzt und anderes verdrängt hat. Auch dies ist ein Indiz für das Geistessterben, denn *Geistesleben* ist per se an die Vielfalt von Perspektiven gebunden.

Eine gesellschaftliche Institution nach der anderen ist in den zurückliegenden Jahren durch die Stellschrauben von Beraterfirmen umgestaltet worden, die ihre Denkgifte nach und nach widerstandslos einsickern ließen und dabei gleichzeitig die undurchdringliche Macht ihrer unheimlichen Netzwerke ausdehnten und befestigten: Von den Krankenhäusern bis zu den Schulen und Hochschulen, von den städtischen Verwaltungen und Versorgungsunternehmen bis zu den politischen Parteien und den Massenmedien sind alle von entsprechenden Beratern unter die Lupe genommen und umgewandelt worden. Resultat: Alle sollen zu Managern werden, der Lehrer ebenso wie der Zahnarzt, der Verwaltungsangestellte wie das Zimmermädchen (sie kann mittlerweile auch *Room Service Manager* genannt werden).

Erstaunlich ist, wie es der Neoliberalismus bewirkt hat, seine Prinzipien so in den Seelen der Subjekte zu verankern, dass sie seine Parolen nahezu als Naturgesetze betrachten. Selbst noch die Opfer des Sozialumbaus fiebern heute mit, wenn es um die Worthülsen von der Notwendigkeit des weiteren Wachstums oder um Standortrhetorik geht. Das ist mittlerweile nicht einmal mehr als Gehirnwäsche zu betrachten, sondern bereits die erfolgreiche Übernahme des Denkens durch Controlling-Phantasten à la *Mc Kinsey, Boston Consulting Group* und ähnlichen Organisationen, für die es kein anderes Bewusstsein gibt als das der ökonomischen Wertschöpfungskette. Sie verwandeln alles, mit dem sie sich befassen, in instrumentelle Einheiten, mit dem Ziel, den größtmöglichen Output herauszuholen. Die Folgen für Individuum und Gesellschaft sind beträchtlich, denn unsere Existenz beruht in ihren wertvollsten Momenten auf völlig anders gerichtete Ereignisse. Die totale ökonomische Durchrechnung eines Krankenhauses beispielsweise führt zwangsläufig dazu, dass das Ethos des Arztberufes, das grundsätzlich in der Zuwendung zum Patienten besteht, durch rein wirtschaftliche Imperative ausgehöhlt wird. Ähnliche Verhältnisse finden sich in allen anderen Institutionen, so dass grundsätzlich gesagt werden kann, dass eine total ökonomisch regierte Institution zu einer inhumanen Maschinerie wird, die sich von ihrer eigentlichen Aufgabe – den Menschen zu dienen – meilenweit entfernt hat.

Der Umbau des sozialstaatlich abgemilderten Kapitalismus der Nachkriegszeit zum heutigen neoliberalen Modell wird von den propagandistischen Behauptungen herrschender Eliten geleitet, das die ökonomische Gegenwart und Zukunft nur durch weltweiten Freihandel, die Privatisierung öffentlichen Eigentums und die Abschaffung von Gesetzen zum Schutz der Arbeitnehmer geleistet werden kann. All das soll sich selbstverständlich auf der Grundlage entfesselter Konkurrenz auf allen Gebieten des gesellschaftlichen Lebens ereignen. Schon die Kleinsten sollen den Kampf aufnehmen und sich zu ferngesteuerten Ich-AGs entwickeln, damit Vati und Mutti sie stolz in die Familie der Gleichgesinnten und Gleichgestimmten aufnehmen können. Und immer wieder wird eine Parole wiederholt, quer durch alle bürgerlichen Parteien (und solche, die es werden wollen): Der Markt soll es richten. Doch was passiert eigentlich mit den Seelen, die unter solchem Dauerfeuer stehen? Überlebt der »Geist« in diesem Klima, oder kann er sich nur noch beim Sterben selbst kommentieren und damit die letzte Möglichkeit eines *Widerstandes* leisten?

Deutlich zu beobachten sind die Grade von Unfreiheit, die durch unsere Art des Wirtschaftens zwangsläufig entstehen. Wir können uns zwar in ungeahnte Sphären des Konsums begeben, unsere Bedürfnisse hinsichtlich in einer immer raffinierter werdenden Warenwelt befriedigen, doch nie kommt das Begehren nach dem schnellsten Fahrzeug, dem funktionsmächtigsten Handy oder der luxuriösesten Armbanduhr an ein Ende, und nur selten machen wir uns Gedanken darüber, was alles eingesetzt und verbraucht werden muss, damit wir an diese Dinge kommen. Je nach individuellem Wohlstand beinhaltet der exzessive Konsum abgesehen von seinen ökologischen Problemlagen ein Risiko, dessen Ausweitung sogar eine Bedingung für das Überleben des Wirtschaftssystems darstellt, nämlich die *Verschuldung*. Mittels langfristiger Schulden wird die Gesellschaft insbesondere in ihren sozialen Bereichen immer handlungsunfähiger, gleichzeitig steigt in der Regel das Kapital der Vermögenden, z. B. durch Kreditvergabe oder Anlagegewinne. Die sogenannte »Elite« hält sich durch die Verschuldung den Rest der Gesellschaft vom Leibe und wird von der Politik umso mehr benötigt, als ihre milden Gaben nun das zum Teil kompensieren müssen, was der Staat nicht mehr leisten kann. Seit Jahren ist zu beobachten, wie Stiftungen aus dem Boden schießen und das gesamte Stiftungskapital unseres Landes immer mehr wächst, während die Staatsverschuldung astronomische Höhen erreicht. Wo wir auch hinschauen, sehen wir heute die Problematik einer Schuldenpolitik, die mittlerweile ganze Staaten an die Kette der Finanzspekulanten gelegt hat. Doch wo es Schuldner gibt, da sind auch Gläubiger – die Profiteure der Entwicklung, die die Zeit der Schuldner mitbestimmen, indem sie sie mittels ihrer Zahlungsfähigkeit kontrollieren. Und so sind auch die verschuldeten Individuen weitaus besser zu kontrollieren, denn sie haben sozusagen ihre zukünftige Zeit – insofern *Zeit* laut Benjamin Franklin *Geld* ist – verbraucht bzw. ihrem jeweiligen Gläubiger überlassen. Das betrifft nicht nur Häuslebauer und Autofinanzierer, sondern beispielsweise auch viele Studierende, die ihre späteren beruflichen Karrieren mit der Rückzahlung von Studienkrediten beginnen müssen. Dass dies gerade die weniger privilegierten Studenten trifft, ist keinesfalls Zufall, sondern Teil des Systems, das eine hermetische Abschottung der Eliten bewirkt hat.

In Thomas Manns »Die Buddenbrooks« taucht der »Agent« Bendix Grünlich auf, ein Charakter, der in mancher Hinsicht ausgesprochen aktuell ist. Er beschreibt sich selbst mit dem Satz: »Rastlose Tätigkeit ist für mich Lebensbedingung« und macht der Buddenbrook-Tochter Antonie einen Antrag, den sie zunächst ablehnt. Doch hartnäckig und intrigant, unterstützt von Tonis Eltern, die er geschickt beeinflusst, erreicht er schließlich sein Ziel, die Heirat mit ihr. Was wie Verliebtheit aussah, erweist sich dann aber als kühle Berechnung. Nach der Hochzeit vernachlässigt er die junge Frau auf schlimmste Weise. Er hatte es ausschließlich auf die Mitgift abgesehen und auf seine Bonität als Schwiegersohn der Familie Buddenbrook. Im Laufe der Romanhandlung geht er dennoch durch seine Spekulationen bankrott. Thomas Mann hat dieser Figur an einigen Stellen des Buches die Formel »das putzt ungemein« in den Mund gelegt. Das ist eine ziemlich präzise Charakterisierung, die dem großen Autor gelang, und sie ist sehr aktuell. Sie ist in heutiger Zeit auf die grassierende *Kultur der Repräsentation* zu beziehen, der viele Vertreter der sogenannten »Eliten« längst zum Opfer gefallen sind. In der Mediengesellschaft ist der schöne Schein zum wichtigsten »Standortfaktor« geworden, und das Image einer Marke wirkt als selig machende Ersatzbefriedigung.

Beschleunigung und Nützlichkeit

Es ist das Denken der Beschleunigung und der Entgrenzung, das diesem aufkommenden Totalitarismus eigen ist. Alles soll so schnell wie möglich und so global wie möglich umgesetzt und unter Kontrolle gebracht werden, alle Grenzen sollen aufgehoben, alle Distanzen überwunden werden. Die rasenden Bewegungen führen zu neuen Abhängigkeiten. In seiner Studie über die Veränderung der Zeitstrukturen in der Moderne kommt Hartmut Rosa im Vorwort zu dem paradoxen Schluss: »*Wir haben keine Zeit, obwohl wir sie im Überfluss gewinnen*« (Rosa 2009, S. 11).

Doch die Annehmlichkeiten des technischen Fortschritts wollen mittels Arbeitszeit erwirtschaftet sein. Die Beschleunigung des optimierten Alltagslebens und die Bewältigung einer unaufhörlichen Informationsflut fordern zusätzlichen Tribut. All die vielen nützlichen technischen Dinge, die wir uns hoffnungsvoll anschaffen, können zur Falle werden, zum Beispiel zu schwarzen Zeitlöchern, in denen die Lebensspanne versinkt. Computer und Fernseher sind regelmäßige Zeitvernichter, ebenso das allgegenwärtige Handy, in das der Durchschnittsdeutsche jährlich siebenunddreißig Stunden hineinlabert. Doch all diese Dinge vermitteln einen Komfort und eine Nützlichkeit, auf die nicht mehr verzichtet werden kann. Ein totaler Utilitarismus regiert die heutige Gesellschaft, vom Wirtschaftssystem bis zum Bildungssystem. Der Nutzen, die Nützlichkeit stehen über allem.

In der Fernsehsendung »Das Philosophische Quartett« vom 6.6.2010 sprach Peter Sloterdijk vom utilitaristischen Denken als einer Art »Elementargrammatik« für unseren Weltzugang, wir seien kaum noch in der Lage, die Dinge außerhalb ihres Nutzwertes wahrzunehmen. Betrachten wir kurz die Entwicklung dieses Denkens. Der im England des neunzehnten Jahrhunderts von Jeremy Bentham und John Stuart Mill verfasste *Utilitarismus* erhebt den Nutzen zum Prinzip des Lebens und der Lebensführung. Dementsprechend hängt die Qualität menschlicher Handlungen von ihrer Nützlichkeit ab. Dieser Nutzen bemisst sich an am Quantum von Glücksmomenten für die größtmögliche Anzahl von Menschen. Dass dieses Denken nicht nur für die ökonomischen Theorien des neunzehnten Jahrhunderts wichtige Impulse lieferte, sondern noch heutige Wirtschaftstheorien mitbestimmt, lässt sich leicht anhand von politisch-ökonomischen Forderungen wie »größtmöglicher Wohlstand für alle« etc. nachvollziehen. Das Hauptproblem des Utilitarismus ist aber in der heutigen »globalisierten« Epoche die Tatsache, dass es kulturell höchst unterschiedliche Begriffe von »Nützlichkeit« und »Glück« gibt, die dann auch noch auf eine in völlig differente Wirtschaftssphären aufgeteilte Welt treffen, so dass im Grunde eine Verallgemeinerung der utilitaristischen Prinzipien nicht möglich ist. Aber genau dies findet machtpolitisch statt, indem die Prinzipien der Industrienationen auf alle anderen Länder und Wirtschaftsordnungen angewandt werden. Damit führt sich der Utilitarismus selbst ad absurdum, denn es kann für die Menschen z. B. in Papua-Neuginea nicht nützlich sein, einen massiven Abbau ihrer natürlichen Ressourcen zu befürworten. Dagegen sehen dort tätige internationale Konzerne dies sicherlich deutlich anders.

Die grundsätzliche Unverträglichkeit des Utilitarismus mit der Gerechtigkeit ist vielerorts problematisiert worden (zum Beispiel von dem amerikanischen Philosophen John Rawls). Da wir durch die Globalisierung in einem Zeitalter des unablässigen Umbruchs leben, werden die Regeln für unser Handeln immer komplexer. Das utilitaristische Grundprinzip wird aber im Sinne einer Komplexitätsreduktion weitgehend als Förderung des individuellen Nutzens dominierender Einheiten – z. B. eines bestimmten Marktes, eines Unternehmens, einer Person – angewandt. Zu fragen wäre, ob eine volkswirtschaftliche Nutzenoptimierung überhaupt global veranschlagt werden kann oder ob diese Doktrin nicht zu einer völligen Überformung und letzten Endes zur Zerstörung gewachsener Lebensformen führt. So erzeugen Führungskräfte, die einem egoistischen und abgekapselten Gewinndenken verfallen sind, mit ihren Maßnahmen häufig das Gegenteil eines Nutzens für die größtmögliche Anzahl von Menschen. Sie sichern ihren persönlichen Nutzen noch mit hohen Abfindungen oder hoch dotierten Anschlussjobs, während Mitarbeiter entlassen und Firmen zerschlagen werden und die Gesellschaft für die Folgen unternehmerischen Versagens aufkommen muss. Denn was ist es anderes als ein Versagen des Managements, wenn die eigennützige Perspektive zum Schaden für die Allgemeinheit wird? Wir können solche Prozesse in nahezu allen gesellschaftlichen Bereichen verfolgen, sie werden zumeist von findigen Anwälten und wortgewaltigen Beratern gestützt, um die Akteure vor möglichen Folgen zu bewahren. Die Gesellschaft wird dabei zum Spielball für die spekulativen Aktionen einer rücksichtslosen Minderheit und damit zur Verliererin im allgemeinen Prestige-Darwinismus.

In unserem Land hat die Verbindung von angelsächsischen utilitaristischen Managementmethoden mit dem deutschen Hang zu militärisch organisierter Effizienz und gnadenloser Bürokratie eine nur noch als *kafkaesk* zu bezeichnende Lage geschaffen, in der heute zentrale Werte nahezu völlig umgewertet werden. Frei sein bedeutet, von überall aus telefonieren zu können oder im Internet Waren aus aller Welt zu beziehen, der »autonome« Konsument ist der Massentypus zu Zeiten des Geistessterbens.

Kontrolle macht fertig

Unsere Gesellschaft wird mittlerweile von einer allgemein verbreiteten Kontrolle bestimmt, die von den flächendeckenden Video-Überwachungen der Großstädte bis zum gläsernen Kunden per Payback-Karte reicht: »Die scheinbar unübersichtliche und unverständliche Gegenwart, nicht zuletzt ihre technologischen Innovationen, tragen zu einem Gefühl der Verängstigung bei, das paradoxerweise durch ein Mehr an Technik und Entmündigung gelindert werden soll. Ein typisches Beispiel, wie der Teufel mit Hilfe des Beelzebubs ausgetrieben wird« (Trojanow/ Zeh 2009, S. 50). Mittels der kontrollierenden Überformung der Gesellschaft durch Politik und Wirtschaft, dem ununterbrochenen Marketing und der in jede Lebensfaser eindringenden Werbung wird die Konditionierung des Menschen auf »pragmatische« Ebenen erzwungen, die die Existenz bis zur totalen Bewusstlosigkeit auszehrt. Das Controlling und seine manipulativen Methoden dörren unser Leben nach und nach aus. Zurück bleibt die Wüste gebetsmühlenartiger Verlautbarungen, die nach dem Prinzip vorgehen, dass etwas, das beständig wiederholt wird, sich irgendwann im Bewusstsein der Menschen festsetzt. So werden wir heute von unerträglichen Sätzen umzingelt wie *Wir müssen uns im globalen Wettbewerb aufstellen* oder *Dazu gibt es keine Alternative.* Konditionierung und Kontrolle, wohin wir uns auch begeben mögen. Schon zu Beginn der neunziger Jahre hat Gilles Deleuze in seinem *Postskriptum über die Kontrollgesellschaften* hierauf hingewiesen: »Marketing heißt jetzt das Instrument der sozialen Kontrolle und formt die schamlose Rasse unserer Herren. Die Kontrolle ist kurzfristig und auf schnellen Umsatz gerichtet, aber auch kontinuierlich und unbegrenzt, während die Disziplin von langer Dauer, unendlich und diskontinuierlich war. Der Mensch ist nicht mehr der eingeschlossene, sondern der verschuldete Mensch« (Deleuze 1993, S. 260).

Viele Beispiele hierzu lassen sich aus der Gegenwart benennen: So besteht eine der merkwürdigen Entwicklungen unserer Zeit darin, dass die Konsumenten immer mehr zur Mitarbeit bei der Konsumtion von Waren und Dienstleistungen gezwungen werden. Schon die Auswahl entsprechender Produkte wird heute vermarktet. Die Konsumenten wählen beispielsweise im Internet Waren und Dienstleistungen aus und beschäftigen sich dabei bereits gedanklich mit den technischen Vorgaben der jeweiligen Plattformen und setzen ihre Lebenszeit für die Anforderungen dieser Systeme ein. Sei es das Online-Banking, das Er- und Versteigern im Internet, die elektronische Buchung von Bahn- und Flugtickets oder auch die Selbst-Einlieferung und Abholung von Paketen an sogenannten »Packstationen« (und demnächst vermutlich die Online-Selbst-Einlieferung ins Hospiz).

Die Kunden werden kontrolliert, indem sie die planerisch vorgegebenen Arbeitsabläufe mit durchlaufen. Ihre Zeit und ihre Aufmerksamkeit werden dem Unternehmen damit kostenlos zur Verfügung gestellt: Eine überaus moderne Form der Ausbeutung, erfindungsreich und nicht auf den ersten Blick erkennbar. Die entsprechenden Beratungsfirmen, die solche Modelle mitentwickelt haben, bekommen die Konsumenten an die Stelle, wo sie nicht mehr zwischen den Produkten, Herstellern und sich selbst unterscheiden können. Genau dorthin, wo die Frage, wer für wen da sein soll, die Wirtschaft für die Menschen oder die Menschen für die Wirtschaft, nicht mehr gestellt wird oder gestellt werden kann. Diese Lage ist auch Ausdruck davon, wie radikal die Formen der Entfremdung, die das neue Management mit Unterstützung der entwickelten digitalen Technologien ersonnen hat, bereits in den Individuen verankert sind. Die Zerstörung des Geisteslebens, des kritischen Denkens und der für die mentale Gesundheit unendlich wichtigen Zeit zur *Muße* ist eine zwangsläufige Folge dieser unheilvollen Entwicklung.

Schöpferische Zerstörung

Der Begriff der »schöpferischen Zerstörung« ist von dem bedeutenden Volkswirtschaftler Joseph Schumpeter geprägt worden. Er betrachtete den Kapitalismus durch die inhärenten Widersprüche seines Erfolgs als im Grunde nicht überlebensfähig, sondern durch die permanente Zerstörung seiner eigenen Produktionsbedingungen stets gefährdet. So führen produktionsnotwendige Rohstoffe und deren endgültiger Verbrauch ebenso zum Ende ganzer Branchen wie die Märkte bereinigende Preiskonkurrenz und die strategische Bekämpfung der Konkurrenten untereinander. Jede ökonomische Entwicklung baut somit auf dem Prozess einer schöpferischen bzw. kreativen Zerstörung auf, und durch die Zerstörung vorhandener Strukturen werden die Produktionsfaktoren immer wieder neu arrangiert. In Schumpeters Worten liest sich das so: »Aber keine Therapie kann den großen wirtschaftlichen und sozialen Prozeß der Deklassierung von Betrieben, Existenzen, Lebensformen, Kulturwerten, Idealen hindern, der in der Wirtschaft des Privateigentums und der Konkurrenz das notwendige Komplement immer neuen wirtschaftlichen und sozialen Auftriebs und immer steigender Realeinkommen aller Kategorien von Wirtschaftssubjekten ist« (Schumpeter 1934, S. 369).

Zerstörungen sind also für das kapitalistische System konstitutiv und nicht etwa tragische Fehlentwicklungen. Damit ist die gesamte Wirtschaft aber auch auf Destruktion hin ausgerichtet. Eigentlich eine erschreckende Erkenntnis, die schon früh im zwanzigsten Jahrhundert formuliert worden ist. Die kapitalistische Produktionsweise hat nicht nur politische, ökologische, soziale, psychische Zerstörungen zur Folge, sondern sie ist von ihrer inneren Konstitution her auf Zerstörung ausgerichtet und zielt auf diese ab. Die kriegerische Survival-Rhetorik vieler »Wirtschaftsführer« ist deshalb keineswegs zufällig, sondern Ausdruck der inneren Verfassung des Wirtschaftsystems, die allen Individuen zu seiner Reproduktion aufgenötigt wird. In seinem Artikel *Krieg nach Zahlen* hat Frank Rieger in der Frankfurter Allgemeinen Zeitung vom 7.8.2010 folgendes ausgeführt: »Die Methoden, nach denen Management-Consultants seit einigen Jahrzehnten vorgehen, sind teilweise direkt aus den jeweils aktuellen militärischen Vorgehensweisen übernommen. Der geradezu fetischhafte Glaube an Quantifizier- und Messbarkeit, Objektivierbarkeit, Modellierbarkeit und Optimierbarkeit ist historisch in enger Wechselwirkung zwischen Militär und Geschäftswelt entstanden. Waren es nach dem Zweiten Weltkrieg die Operations-research-Spezialisten, die am Ende ihrer Dienstzeit das mathematische Rüstzeug mit in die Industrie nahmen, gibt es heute und seit Dekaden ein aktives Hin und Her zwischen Wirtschaft und Kriegswesen.«

Für unsere Wirtschaftswelt sozialisiert zu werden bedeutet deshalb vor allem eines: Zum Krieger ausgebildet zu werden, der sich für die Interessen seiner Firma und des geheiligten Marktes in Gefechte und Scharmützel schicken lässt. Die heutige Wirtschaft beinhaltet – in der Epoche nach der konflikthaften bipolaren Aufteilung der Welt – die Fortsetzung des Krieges mit ökonomischen Mitteln. Was die eigentliche Tragödie unserer Zeit ausmacht ist, dass das Kriegerische nicht mehr nur auf regional begrenzten Schlachtfeldern stattfindet, sondern in totaler Weise, das heißt sowohl auf den Mikro-Ebenen der Individuen wie den Makro-Ebenen der Länder und Kontinente.

Selbst die Körper werden aufgerüstet, trainiert in Fitness-Studios, gedopt mit Designer-Food, optimiert durch die Techniken der plastischen Chirurgie und zugerichtet für den ökonomischen Chancen-Krieg des gesellschaftlichen Auf- und Abstiegs. Schon die Kleinen lernen in ihren Computerspielen die reaktionsschnelle Zerstörung von Feinden und trainieren mit größter Hingabe die aggressive Orientierung in virtuellen Labyrinthen. Überall wird aufgerüstet, beim Schönheitswettbewerb wie im Straßenverkehr. Die Aufrüstung, die Mobilmachung steht nicht mehr nur dem Militär zu, das ja deshalb quantitativ abrüsten kann, weil die ununterbrochene Selbst-Aufrüstung beim Individuum angekommen ist, dessen Lebenspraxis von zahlreichen militärischen Kontroll-, Strategie- und Disziplin-Aspekten bestimmt wird.

Die militärischen Vorgehensweisen der Ausspähung, Eroberung und Übernahme sind zu allgemeinen Prinzipien eines Wirtschaftens geworden, das im

Kern auf der schöpferischen Zerstörung fußt. Dies ist als wesentlicher Indikator für das *Geistessterben* anzusehen, denn das *Geistesleben* beruht vor allem auch auf einer wesentlichen Dimension unserer Existenz, die *Überlieferung* heißt. Diese wird heute flächendeckend durch aggressive wirtschaftliche Übergriffe ausgelöscht. Was zählt, sind nur noch blitzlichthafte mediale Schattenspiele und die auf kurzfristige Erfolge erpichte neue Wirtschaftskultur, die sich mehr und mehr aus der Gesellschaft herausbegeben hat. In dem Film »Let's make MONEY« von Erwin Wagenhofer beschreibt der Bundestagsabgeordnete Hermann Scheer treffend, wie im neoliberalen Zeitalter alles »verkürzt« werde und die kurzfristige Rendite jedes politische und wirtschaftliche Denken leite.

Die neoliberale politische Ökonomie agiert in geschlossenen »Optionsräumen« programmierter Überzeugungen, die sich gegenseitig selbst bestätigen und ihre Wirklichkeiten erschaffen. Und für die breite Masse gibt es Brot und Spiele satt: Während der Fußballweltmeisterschaft 2010 wurde in der ARD eine etwa vierzigjährige Frau in Fan-Outfit gezeigt und befragt, wie sie ein bestimmtes Spielergebnis einschätzen würde. Ihre Antwort lautete sinngemäß, dass sie keine Ahnung vom Fußball habe, sondern einfach nur an dem *Hype* teilhaben wolle. Manche der heutigen Massenvergnügungen, bei denen »Marken«, »Standorte« und »Alleinstellungsmerkmale« eine bezeichnende Allianz eingehen, enden tragisch. Das Unglück auf der Love Parade 2010, bei dem über zwanzig Menschen starben und hunderte verletzt wurden, ist zumindest zum Teil auf den Tunnelblick von Lokalpolitikern und Veranstaltern zurückzuführen, denen der eigene (Prestige-)Gewinn wohl wichtiger war als die Sicherheit der Besucher.

Auf der politischen Ebene ist der Nationalismus des neunzehnten und zwanzigsten Jahrhunderts im Zuge der »neuen Weltordnung« durch die totalisierte Ökonomie ersetzt worden, die mittlerweile sowohl das Denken und Handeln der nationalen Regierungen bestimmt wie die Gestaltung der Gesellschaft vornimmt. Die grundsätzlich kriegerische Orientierung der dominanten Wirtschaftsform führt dabei zu gewaltförmigen Verhältnissen auf allen Ebenen und letztlich zu sinnlosen Konfliktlagen. 2010 trat der deutsche Bundespräsident Horst Köhler zurück, weil die Presse ihn wegen missverständlicher Äußerungen hinsichtlich von Bundeswehreinsätzen zur Sicherung der deutschen wirtschaftlichen Interessen im Ausland kritisiert hatte. Strukturell existiert diese Perspektive längst, was aber noch fehlt, ist ihre allgemeine gesellschaftliche Legitimation und Anerkennung. Dass der ehemalige Bundespräsident mit seinem Rücktritt äußerst dünnhäutig reagierte, beinhaltet durchaus ein Hoffnungsmoment. Es zeigt, dass Politiker bei aller medialen Kontrolle doch noch durch Kritik tangierbar sind. Und 2010 traten Politiker bekanntlich rudelweise ab.

Der (post)moderne Kapitalismus hat die Seelen gefangen genommen, nicht nur die individuellen, sondern auch die Seelen des Staates, der Gesellschaft, der Politik. Das ist sein eigentlicher Sieg, und er wird die Gefangenen nicht mehr freiwillig herausgeben. Doch es sollte klar werden: Seine Maschinerie beruht im Grunde auf dem Prinzip der *Anti-Pro-*

duktion, die alles Lebendige nach und nach zersetzt und es durch Surrogate ersetzt.

Um die in jedem Bereich unserer Existenz herrschenden Verhältnisse des Kapitalismus überhaupt auszuhalten, kann der unter ständigem Optimierungsdruck leidende Einzelne mittlerweile nicht mehr auf die Zufuhr von Substanzen verzichten, die ihn je nach Wirkungsgrad betäuben oder anstacheln, um das ihn Bedrängende zu bewältigen. Einerseits werden bestimmte, dem Körper abträgliche Substanzen wie z. B. Alkohol und Nikotin gesellschaftlich gestattet, andererseits stehen weitaus wirksamere Produkte zur Verfügung, die zwar illegal sind, aber insbesondere auch von den sogenannten *Leistungsträgern* benutzt werden. Letztere brauchen ohnehin stets den gewissen Vorsprung, der in unseren Tagen in Form eines mehr oder weniger diskreten Hirndopings stattfindet. Es lohnt sich deshalb, was das *Geistessterben* betrifft, einen beispielhaften Ausflug in die *Kultur der Betäubung* zu unternehmen, da diese verdeutlicht, wie sehr Leistungsorientierung und Gewinnmaximierung uns in eine prekäre Lage manövriert haben. Es ist eine Lage, die von Selbst-Techniken bestimmt wird, die die moderne Rationalität unverkennbar mit dem Irrationalen verbinden.

ExKurs: Kultur der Betäubung

Die Droge Kokain hat im Verlauf des 20. Jahrhunderts eine Erfolgsgeschichte geschrieben, die dem Umstand zuzurechnen ist, dass sie ausgesprochen gut zu diesem Zeitalter der ständigen Überbietungen auf allen Gebieten gepasst hat. Doch sie stammt aus ganz anderen Zeiten. Seit etwa fünftausend Jahren nutzen südamerikanische Indianer Coca-Blätter zur Steigerung ihrer Leistungsfähigkeit und zur Linderung von Hunger und Durst. Mit Asche oder Kalk gemischt, dienen diese Blätter als wichtiges Lebensmittel, das sowohl bei anstrengenden Tätigkeiten wie auch in religiösen Riten eingesetzt wird. Bereits 1499 gelangten erste Berichte über die Wirkung dieser Pflanze durch die spanischen Eroberer nach Europa, doch erst 1855 wurde das Kokain von dem Apotheker Gaedcke als Pulver synthetisiert und fortan als erstes bedeutendes Lokalanästheticum verwendet.

Die unterschiedlichen Wirkungsweisen des Kokains wurden in der wissenschaftlichen Welt rasch bekannt, und man fügte die Substanz – bis ins 20. Jahrhundert hinein – zahlreichen Arzneien bei. Im 19. Jahrhundert hatte man Kokain zunächst auch als vermeintlich harmloses Entwöhnungsmittel bei Morphinismus verwendet, was jedoch zu neuen Suchtproblemen führte, wie der Mediziner Albrecht Erlenmeyer in seinem Aufsatz *Über Cocainsucht* 1886 in der Deutschen Medizinal-Zeitung ausführte. Die nur kurze Wirkungsweise des Kokains als anregendes, stärkendes und euphorisierendes Mittel verführe dazu, es in immer kürzer werdenden Intervallen zu konsumieren, mit der Folge, bald hochgradig kokainsüchtig zu werden.

Coca ist eine in vieler Hinsicht bemerkenswerte Pflanze. Als eine der ältesten Kulturpflanzen der Neuen Welt ist ihre Bedeutung im Kontext von Geschichte, Religion, dem Heilwesen und dem täglichen Leben zahlreicher Ethnien in Südamerika nicht zu übersehen. Botanisch gesehen handelt es sich bei der Coca-Pflanze um die Gattung Erythroxylum aus der Familie der Erythroxylazeen. Von Bedeutung sind die beiden Arten Erythroxylum coca und E. novagranatense (Morris) Hieron, die jeweils noch durch eine Unterart vertreten sind. Die Blätter enthalten eine Vielzahl von Alkaloiden, von denen das Alkaloid Kokain quantitativ überwiegt. Darüber hinaus sind Vitamine und Spurenelemente nachweisbar.

Freuds Beobachtungen

Sigmund Freud erntete seine ersten wissenschaftlichen Meriten mit Studien über das Kokain, und es dürfte keine absolut abwegige These sein, dass ohne seine diesbezüglichen Kenntnisse die Psychoanalyse sicherlich eine andere Ausprägung erfahren hätte. Der akribische Forscher hatte so ziemlich alles, was zu seiner Zeit über Kokain zu lesen war, verarbeitet und entsprechend auch die kulturgeschichtliche Dimension in seinem 1884 erschienenen Aufsatz »Über Coca« berücksichtigt (vgl. Freud 1999).

Hierbei leistete er eine heute leider seltene Verschränkung von qualitativen und quantitativen Forschungsmethoden: »Die Wirkung, welche die Einnahme des Cocains auf den gesunden menschlichen Organismus ausübt, habe ich in wiederholten Versuchen an mir und anderen studiert und dieselbe in wesentlicher Übereinstimmung mit der Wirkung durch Cocablätter nach Mantegazzas Schilderung gefunden.« Auch letzterer fand in Selbstversuchen heraus, dass sich nach Kokain-Genuss physische Wirkungen einstellen, wie ein Gefühl der Leichtigkeit, bei gleichzeitigem Pelzigsein der Lippen und des Gaumens, das von zunächst abnehmendem Puls und zunehmender Magen-Darmtätigkeit begleitet wird. Doch Freud war als zukünftiger Begründer der Psychoanalyse weitaus mehr an der psychischen Wirkung interessiert und führt deshalb aus: »Die psychische Wirkung des Cocainum mur. in Dosen von 0,05-0,10 gr. besteht in einer Aufheiterung und anhaltenden Euphorie, die sich von der normalen Euphorie des gesunden Menschen in gar nichts unterscheidet. Es fehlt gänzlich das Alterationsgefühl, das die Aufheiterung durch Alkohol begleitet, es fehlt auch der für die Alkoholwirkung charakteristische Drang zur sofortigen Betätigung. Man fühlt eine Zunahme der Selbstbeherrschung, fühlt sich lebenskräftiger und arbeitsfähiger; aber wenn man arbeitet, vermisst man auch die durch Alkohol, Tee oder Kaffee hervorgerufene edle Exzitation und Steigerung der geistigen Kräfte. Man ist eben einfach normal und hat bald Mühe, sich zu glauben, daß man unter irgendwelcher Einwirkung steht. [...] Ich habe diese gegen Hunger, Schlaf und Ermüdung schützende und zur geistigen Arbeit stählende Wirkung der Coca etwa ein dutzendmal an mir selbst erprobt; zur physischen Arbeitsleistung hatte ich keine Gelegenheit. Ein eklatantes Beispiel von Aufhebung hochgradiger Müdigkeit und wohlberechtigten Hungergefühls konnte ich an einem vielbeschäftigten Kollegen beobachten, der, seit frühem Morgen nüchtern, nach angestrengter Tätigkeit um 6 Uhr abends 0.05 Cocain.mur nahm. Er erklärte einige Minuten später, daß er sich fühle, als ob er von einer reichen Tafel aufgestanden sei, wollte nicht zu Nacht essen und hielt sich für kräftig, einen weiten Weg zu gehen. Diese stimulierende Wirkung der Coca ist durch eine Reihe vertrauenswürdiger Mitteilungen, auch aus den letzten Jahren, unzweifelhaft belegt« (a.a.O., S. 62f.).

Was die aphrodisierende Wirkung des Kokains betrifft, berichtete Freud nicht von Selbstversuchen, jedoch von ärztlichen Verordnungen und von Nebenwirkungen auf Seiten der Patienten: »Unter den Personen, denen ich Coca gab, haben mir drei von heftiger sexueller Erregung, die sich unbedenklich auf die Coca bezog, berichtet.«

Zu diesem Zeitpunkt unterschied Freud bereits deutlich zwischen dem Genuss der Cocablätter und dem des Kokains, wobei er jedoch von beiden keine negativen Auswirkungen auf das Bewusstsein erwartet: »Eine Bewusstseinsstörung stellte sich bei Mantegazza selbst nach Verbrauch von 18 Drachmen [das entspricht 67,5 g, Anm. d. Verf.] Cocablättern nicht ein; ein Apotheker, der, um sich zu vergiften, 1,5 Gramm Cocain genommen hatte, erkrankte unter den Erscheinungen einer Gastroenteritis ohne Trübung des Bewußtseins« (a.a.O., S. 66).

Freud betrachtete Coca als eine für die medizinische Praxis höchst interessante Substanz, deren therapeutisches Potenzial ihm immens erschien. Immer wieder wird er im Laufe seines Lebens in Selbstversuchen auf die Qualitäten der Droge zurückkommen, wohl wissend, dass auch der andere Super-Analytiker – Sherlock Holmes – in seinen wichtigsten Reflexionsphasen auf sie zurückgriff. Leistete Freud auf seine Weise Vorschub zu einer Verbreitung des

Kokains, oder befand er sich innerhalb einer Entwicklung, in der Kokain benötigt wurde, um neue Formen der Selbsterfahrung des modernen Menschen zu erproben?

Ästhetik und Rausch

Die Ästhetik des Rauschs geht zurück auf Ursprünge bei den Denkern der Frühromantik, den Entdeckern des modernen zerrissenen Bewusstseins, die sich nach einem Leben sehnten, in dem Dichtung und Wirklichkeit sich vereinen würden. Die Demontage religiösen Bewusstseins mit seiner paradiesischen Jenseitshoffnung durch die Aufklärung schien neben den Sozialutopien allein die Erzeugung einer irdischen Metaphysik mit Hilfe von Traum und Rausch nahezulegen. Ein Weg, der von jenen begangen wurde, die sich einerseits als Avantgarde, als Wegbereiter moderner Ästhetik auszeichneten, zugleich aber in einer Entwicklungsgeschichte der Drogenbeeinflussung ihren Platz einnehmen.

Das Verhältnis von Avantgarde und Rausch wird insbesondere zu Beginn der ästhetischen Moderne virulent. Zwei Namen stehen hierfür paradigmatisch: Edgar Allen Poe und Charles Baudelaire. Beide radikalisieren nicht nur Positionen der europäischen Romantik, sondern sie fassen die ästhetische Autonomie neu, indem die Grenzbereiche von Erfahrung zur Bedingung künstlerischer Produktion erhoben werden. Die Ästhetik der radikalen Autonomie der Kunst wird bei ihnen programmatisch in Form des *L'art pour l'art* formuliert. Die Kunst soll nur sich selbst gegenüber verpflichtet und von allen äußeren Bestimmungen frei sein. Dies entspricht einer künstlerischen Haltung, deren Prinzip die *Überschreitung* tradierter Wahrnehmung ist und die die *Entgrenzung des Ästhetischen* vorantreibt.

Drogenkonsum als Inspirationsquelle ist dabei eines der Clichés, die das Bild des modernen Künstlers geprägt haben. Ernst Jünger, der noch mit Mitte Sechzig mit LSD zu experimentieren begann, bringt dies zum Beispiel in den »Kaukasischen Aufzeichnungen« auf den Punkt: »Gedanken über das Verhältnis von Rausch und Produktion. Obwohl sie sich zur gleichen Zeit ausschließen, sind sie doch aufeinander angewiesen wie Entdeckung und Beschreibung, wie Exploration und Geographie. Im Rausche dringt der Geist weiter und abenteuerlicher, unmittelbarer vor. Er sammelt Erfahrung im Grenzenlosen ein. Ohne solche Erfahrung ist keine Poesie« (Jünger 1994, S. 270).

Der abstinente Künstler stellt seit Beginn der Moderne eher die Ausnahme dar, und auch die heutige Variante der Genieästhetik – der Künstler als Popstar bzw. der Popstar als Künstler – verwendet Drogen imagebildend und mediengerecht. Tatsächlich wäre die Pop-Musik in ihren intensivsten Ausprägungen nicht ohne die Verwendung mental wirkungsvoller Substanzen möglich gewesen. Gleichzeitig geht der Reiz dieser Musik für ihre Hörer und »User« auch davon aus, dass sie ein Lebensgefühl ausdrückt, das über Klänge und Bilder von der »Norm« abweicht und das Aroma möglicher Überschreitung verströmt. Unterschiedliche Suchtmittel haben ihren Anteil an der Entwicklung ästhetischer Avantgarden. Doch so vergänglich wie der Rausch sind auch die unterschiedlichen künstlerischen Richtungen, die sich in rascher Folge ablösen und in verzweifelter Suche nach dem Neuen unausgesetzt mit dem Niedergang des Alten befassen.

Hirndoping

Mittels Drogenkonsum kann eine Verminderung von Komplexität erzielt werden, die eine hoch komplexe Situation auf ein übersichtlich beobachtbares Maß zurechtstutzt. Es stellen sich deshalb die Fragen: Welche Form von Subjektivität wird mittels Drogen möglich? Und: In welchem gesellschaftlichen Kontext befinden sich Droge und Nutzer?

In den westlichen Industrienationen symbolisieren Kokain und Speed das Tempo der heutigen Zeit. Die Mittel potenzieren Gefühle von Geschwindigkeit, Macht, Kontrolle und Unbesiegbarkeit – zentrale Werte des Neoliberalismus. Kokain passt zur leistungssüchtigen Konsumgesellschaft, die Droge unterstützt Ausdauer und Arbeitsfähigkeit und kommt dem umstandslosen Ausleben immer wieder neu ausgelöster Reize entgegen. Darüber hinaus wird ein synthetisch gestärktes Selbstbewusstsein bewirkt, das vorübergehende oder andauernde Instabilitäten zumindest eine Zeit lang kompensieren kann.

Wer nur einen kleinen Teil der Gesellschaft – z. B. die Künstler, die Journalisten, die Schickeria und die Rebellen von einst – für anfällig für Kokain hält, sollte einen Blick auf die USA werfen. Dort hat der Konsum aufputschender Mittel jeder Art epidemische Ausmaße angenommen und weite Teile der Bevölkerung erfasst. Der Zwang zum Erfolg um jeden Preis trägt Kompensationsstoffe in alle Schichten. Vor wenigen Jahren berichtete ein Freund, der in einer kalifornischen Werbeagentur tätig gewesen ist, dass sich in deren Büro eine Kaffeedose befand, die stets mit Kokain gefüllt gewesen sein soll. Bei Anzeichen von Ermattung konnten die Angestellten sich dort nach Bedarf bedienen. Das US-Wissenschaftsmagazin Science News berichtete bereits in den neunziger Jahren (Vol. 152/1997), dass 78 % der in der Kokain-Metropole Miami in Umlauf befindlichen Ein-Dollar-Noten Spuren von Kokain aufwiesen, heute betrifft dies auch eine Vielzahl von Geldscheinen in der Euro-Zone.

Sie haben die Wahl

Der heute trotz aller durch die Finanzkrise formulierten Kritik immer noch dominante Neoliberalismus fußt im Wesentlichen auf einer Theorie der Wahlhandlungen, die unter dem Namen »Rational Choice« bekannt geworden ist. Guy Kirsch formulierte in dem 1993 veröffentlichten und mehrfach neu aufgelegten Buch »Neue Politische Ökonomie« als eine der Grundannahmen zeitgenössischer Ökonomie folgendes Credo: »Nun ist der Hauptgegenstand der Wirtschaftstheorie in ihrem mikroökonomischen Zweig die Analyse von Wahlhandlungen zwischen solchen durch ihre jeweiligen Kosten und Nutzen charakterisierten Alternativen. Die Mikrotheorie der Ökonomie ist eine Theorie der Wahlhandlung, ist eine Theorie des Rational Choice« (Kirsch 1993, S. 4).

Die Wahlentscheidung für ein Betäubungs- bzw. Aufputschmittel bedeutet in einer neoliberal geprägten Gesellschaft, dass ein Anschluss an die herrschende Strömungsenergie und somit an die Systemlogik stattfindet. Sie geschieht aus rationaler Wahlhandlung und entspricht einer Form von Subjektivität, die bei gleichzeitiger Erhaltung der Arbeitskraft einen zusätzlichen Lustgewinn erzielt. Es ist eine Art von Doping, mit der Vorteile auf höchst unterschiedlichen Märkten erzielt werden können. In *Speed – Eine Gesellschaft auf Droge* führt Hans-Christian Dany aus: »Mittlerweile scheint es, als sei es das größte Glücksgefühl, in der äußeren Ordnung zu funktionieren – ein Gefühl, das sich allenfalls dadurch steigern lässt, noch mehr zu leisten und dabei keine inneren Widerstände aufzubauen, Allein die Leistung erlaubt, sich gut zu fühlen. Arbeitsdrogen werden zu Glückspillen, weil nur, wer mehr arbeitet, eine Ahnung vom Glück bekommt. [...] Fast entsteht der Eindruck, kein Durchsetzungsstratege seiner selbst komme, will er auf der Höhe der Zeit sein, ohne neurochemische Verstärker aus« (a.a.O., S. 178f.).

Der Gebrauch synthetisierten Kokains oder der von Amphetaminen ist in der heutigen Welt mit ihren immensen Leistungsanforderungen und eindimensionalen, am Konsum orientierten Glücksversprechen, ein zeitgenössisch kultivierter Drogenkonsum. Er unterscheidet sich maßgeblich von dem Gebrauch, den die südamerikanischen Indianer seit langer Zeit von diesem Anregungs- und Heilmittel machen, und auch vom Gebrauch zum Beispiel in den Golden Twenties. Heute geht es nicht um Todessehnsucht als Tausch-Äquivalent zu den Ekstasen, die die Droge ermöglicht, sondern darum, sich als Angestellter, Sportler, Nerd, Künstler, Politiker, Journalist, Manager etc. stark, mächtig, zeitgenössisch, global, exaltiert und vor allem: bereit und auf hohem Level einsetzbar und kommunikativ zu fühlen. Diese fatale Entwicklung hat Ernst Jünger früh in *Annäherungen – Drogen und Rausch* (1978) beschrieben: »Der neue Weltstil bezieht auch Droge und Rausch in sich ein. Der große Strom der anregenden und betäubenden Pharmaka fließt weiter, verbreitert und beschleunigt sich sogar. Die Grenze verwischt sich, an der sie hier der Gesundheit, dort dem Vergnügen dienen, bis sie unentbehrlich geworden sind. Inmitten der Arbeitswelt und ihrer Spannung werden sie vielen zur Nervenkost. Von der Massendrogierung kann man in den pharmazeutischen Fabriken eine Vorstellung gewinnen angesichts der Zentrifugen, die in schneller Folge Tabletten herausschleudern. Das vereinigt sich zu vielfarbigen Flüssen, die sich wiederum verzweigen bis in die entlegensten Dörfer und Haushaltungen. Auch hier wird die Ambivalenz insofern spürbar, als die Chemie sich fortwährend an die Grenze herantastet, an der das Heilmittel euphorische Wirkungen abspaltet. Dort kommt es zu großem Konsum. Die Tabuierung durch das Gesetz bleibt im Kielwasser« (a.a.O., S. 49f.). Der Kultur der Betäubung sind deshalb – bei allen Verboten – keine Grenzen gesetzt, weil sie im Zentrum der Gesellschaft, im Kern unserer wirtschaftlichen Ordnung, für die Formen von Optimierung sorgt, die der menschliche Körper und das menschliche Gehirn von sich selbst aus nicht mehr erzielen können. Ein dergestalt überdrehter

»Geist« befasst sich jedoch nicht mehr mit seiner autonomen Entwicklung, sondern er begibt sich in die Abhängigkeit äußerer Kräfte, die ihre vermeintliche Notwendigkeit aus der Anpassung an den Maschinenrhythmus des globalen Wirtschaftens beziehen. Doch vom Verlust der geistigen Autonomie ist nicht nur ein Teilsystem betroffen, sondern – in einer Zeit des *Geistessterbens* – die Gesellschaft als Ganzes.

2 Aufgabe des Geistes in der virtuellen Welt

Durch die Computertechnologie befinden wir uns heute in einer Lage, die nicht eindeutig zu beurteilen ist. Wir können rechnergestützte Realitäten, ja Welten hervorbringen, die mit ihrer zunehmenden Perfektionierung unser über einen längeren geschichtlichen Zeitraum hinweg entwickeltes Denken tiefgreifend verändert hat. Die neuen Technologien legen die Auffassung nahe, dass wir unsere Vorstellungen und Handlungen in immer neue Sphären hinein entwickeln können, ja dass unsere Wünsche und Projektionen die ihnen jeweils gemäße Welt erschaffen können und dass Realität deshalb unendlich gestaltbar ist.

Digitale Bildwelten

Die heutigen Computer, mit denen immer feiner aufgelöste, nahtlosere Bilder-Welten erzeugt werden können, erscheinen als die zeitgemäße Technologie schlechthin. Es ist im Laufe unserer Geschichte für das Verständnis von uns selbst und unserer Kultur entscheidend gewesen, mit welchen jeweils neuen Mitteln man die bewegenden Themen – die man auch die »ewigen Themen« nennen könnte – ins Bild setzen konnte. Äußerst unterschiedliche Bildverfahren variieren dabei lange überlieferte Bildthemen. Bilder werden – zumindest in der abendländischen

Tradition – vornehmlich so betrachtet, als hätten sie einen *offenbarenden* Charakter. Die Gleichzeitigkeit des im Bild Ausgedrückten ist nicht restlos in Sprache übersetzbar, sie trifft den Betrachter in unmittelbarer Weise. Ein Bild sagt bekanntlich mehr als tausend Worte, und deshalb kommt dem Bildstatus, der sich von der Renaissance bis heute zu einer historisch gewachsenen Dominanz des Gesichtssinnes entwickeln konnte, ein unterstellter Wahrheitswert zu.

Der im Jahre 726 n. Chr. in Byzanz aufgekommene Streit gegen die Bilderverehrung bezeugt eine frühe Gegenreaktion gegen die sich abzeichnende Macht der Bilder. Diese Bildthemen sind mit der Entwicklung einer bestimmten – historisch gewachsenen – Form von Subjektivität verbunden. Das lässt sich auch daran festmachen, wie sehr sich beispielsweise biblische Motive in jeweils zeitbezogenen Formen innerhalb der abendländischen Bilderwelt erhalten haben. Sie gehen heute nahtlos in die digitale Bilderwelt ein und werden in der virtuellen Realität zu neuem Leben erweckt. Heute kann die technische Realisierbarkeit bestimmter bildlicher Vorstellungen nicht vom globalen Erfolg der Bildmaschinen getrennt werden. Offensichtlich benötigen wir Bilder, mit denen wir unsere Selbstbeschreibungen und unsere Projektionen zur Darstellung bringen können. Ohne diese innere Triebkraft wäre die Computerentwicklung sicherlich langsamer erfolgt.

Aktuelle Bildproduktionen werten kollektiv eingeprägte Bildmotive für ihre Zwecke um und verwenden sie in allen möglichen technischen Medien. Sie bespielen vorgeschichtliche Dramen auf postmodernen Bühnen. Dietmar Kamper äußerte in diesem Zusammenhang: »Das Posthistoire kann somit als ein Gegenteil der Apokalypse gelten; was bei dieser durch Offenbarung in Erscheinung tritt, verschwindet bei jenem durch Zerstreuung und Vergessen; so hochdramatisch diese sich inszeniert, so langweilig und spannungslos fällt jenes aus; während die Eschatologie von der Eskalation der Katastrophen berichtet und sie immer wieder in Erinnerung ruft, hält das Posthistoire es mit der Routine, die Neues nur zulässt, wenn es aus dem Fundus des Uralten stammt, und die auf Innovation jeglicher Art das Mittel der paradoxen Neutralisierung anwendet« (Kamper 1986, S. 64). Diese Hypothese lässt sich gut anhand vieler heutiger Video-Clips stützen, die beispielsweise das gesamte Arsenal der christlichen Ikonographie – von der Mariendarstellung bis zur Kreuzigungsszene – exzessiv in immer neuen technologischen Gewändern wiederholen. Die Erschöpfung und Plünderung des historisch überlieferten Bildarchivs unserer kulturellen Sphäre stellt ein weiteres Indiz für das um sich greifende *Geistessterben* dar.

Die heutigen apparativen Kenntnisse und Dekodierungsfähigkeiten, die die digitalen Technologien erfordern, beinhalten auch ein Training, das der geheime Lehrplan einer Gesellschaft im Übergang ist. Die Technologien setzen neue Standards – in Wahrnehmung und »Handling« –, und wer die entsprechenden Fertigkeiten und Fähigkeiten nicht beherrscht, fällt heraus. Neue Bildformen entstehen, sie verbreiten sich auf Bildschirmen, in der Werbung, in Video-Clips oder auch als Einspielung auf Theaterbühnen, und damit kolonisieren die neuen Technologien nach und nach die realen Lebenswelten. Die digitale Parallelwelt hat sich planetarisch einquartiert. Längst ist eine Techno-Imagination entstanden, die sich anhand vieler unterschiedlicher ästhetischer Praxen, die sich der neuen Technologien bedienen, feststellen lässt – das Handy ist zur Foto- und Filmkamera mutiert, die mit Hilfe von Grafikprogrammen erzeugten glatten Oberflächengesichter in den Modezeitschriften werden zum Vorbild für Schönheitsoperationen. Gleichzeitig fallen viele Subjekte hinter die Standards zurück: »Eine der möglichen ›Erklärungen‹ unserer Krise ist, dass wir uns in der Welt, in die wir geworfen wurden, aufgrund unseres Mangels an Techno-Imagination nicht orientieren können. Nimmt man aber an, dass jedem Codetyp ein besonderes Existenzklima entspricht – etwa den traditionellen Bildern das magische und den Texten das historische Dasein –, so lässt sich sagen, dass wir im allgemeinen unfähig sind, die von Technobildern geforderte Daseinsebene einzunehmen, also etwa das historische Bewusstseinsniveau zu überschreiten. In einer weitgehend nach-historisch kodifizierten Welt, in einer Welt von Technobildern, sind wir vom Elternhaus, von der Schule, von der hergebrachten Kultur überhaupt, für ein geschichtliches Dasein vorprogrammiert, und unsere Erlebnis-, Denk- und Wertkategorien stimmen daher nicht mehr« (Flusser 1993, S. 154).

Die neuen Technologien erzeugen also Ungleichzeitigkeiten und formen ununterbrochen Übergangswelten, die nach dem Takt der technischen Innovation ausgewechselt werden. William Gibsons Roman

Neuromancer, in den USA in den achtziger Jahren erschienen, wurde dort schnell zum Kult-Buch von Cyberfreaks und Cyberpunks, die sich in dem virtualitätssüchtigen Helden *Case* wiederentdecken konnten: »Auf dem Sony verblasste ein zweidimensionaler Weltraumkrieg hinter einem Wald mathematisch konstruierter Farne, die die räumlichen Möglichkeiten logarithmischer Spiralen demonstrierten. Stahlblaue militärische Maßangaben in Fuß glimmten auf, Versuchstiere, an Testreihen angeschlossen, Helme, die Feuerkontrollschaltungen von Panzern und Kampfflugzeugen speisten. ›Cyberspace. Unwillkürliche Halluzination, tagtäglich erlebt von Milliarden Berechtigten in allen Ländern, von Kindern zur Veranschaulichung mathematischer Begriffe... Grafische Wiedergabe abstrahierter Daten aus den Banken sämtlicher Computer im menschlichen System. Unvorstellbare Komplexität, Lichtzeilen, in den Nicht-Raum des Verstands gepackt, gruppierte Datenpakete. Wie die fliehenden Lichter einer Stadt...‹« (Gibson 1994, S. 76).

Die simulierten virtuellen Räume werden hier zu Extensionen der herkömmlichen menschlichen Fähigkeiten und Handlungen, und sie betreffen ebenso Praktiken des Lernens und Wahrnehmens wie militärische Operationen.

Indem ein Individuum wie Case sich an die virtuellen Welten beispielsweise durch Körperimplantate anschließt, wird er als wahrnehmendes Subjekt für die Dauer der Zugangsberechtigung zum System und seiner Rechenzeit zum absurden Schöpfer einer erlebbaren Hyperrealität. Von hier aus vermag er es, sich realer Abläufe zu bemächtigen. Der Reiz dieser

Bemächtigung vereinigt alle, Insider und Outsider, Gewinner und Verlierer, Reiche und Arme. Und es sind *Informationen, Daten,* mittels derer die Bemächtigung ermöglicht wird.

Die erste Realität bleibt immerhin noch insofern die entscheidende Plattform, als sie die Energie und die Einschreibungsflächen bereitstellt. Die digital errechneten Welten können immer weiter potenziert werden, sie sind per se grenzenlos. Doch sie können zumindest nicht *werden* oder weiterhin *bleiben*, wenn der Rechner abgeschaltet wird oder ein Blitzeinschlag in der realen Welt für einen Energieausfall sorgt. Die digitale Welt funktioniert nur, solange der Strom aus irgendeiner Quelle kommt. Auch das wird sich eines Tages sicherlich ändern, und bereits heute verschränken sich die »realen« und die »virtuellen« Realitätsebenen in manchen Ausschnitten unserer Welt bis zur Ununterscheidbarkeit, und die digitalen Bildwelten erzielen diese Verschränkung durch Ähnlichkeiten zu den analogen.

So ein auffälliges Moment der virtuellen Realität ist, dass man in ihr weitgehend noch nicht über zentralperspektivische Raumdarstellungen hinausgekommen ist. Unser neuzeitliches Betriebssystem der Raumwahrnehmung wird durch die heute vorhandenen virtuellen Realitäten nicht überschritten. Mit Bildschirmen und Bildschirmbrillen blicken wir zumeist in zentralperspektivisch angeordnete Räume. Insofern hat die virtuelle Realität sehr viel mit den realen Räumen zu tun. Sie simuliert auf der Grundlage eines bereits vorhandenen perzeptiven Betriebssystems künstliche Welten (weshalb es auch leicht möglich ist, sie sinnvoll einzusetzen, zum Beispiel architektonische Planungsstudien im virtuellen Raum vorzunehmen).

Doch entscheidend ist, wie formbar der Raum in der virtuellen Realität erscheint. Er ist nicht nur gegeben, sondern grenzenlos disponibel, kann beliebig umgeordnet, animiert, verändert werden, er wird zum weichen Material. Friedrich Kittler prognostiziert für die Zukunft: »Simulation heißt dann, Fantasy-Filme zu drehen mit computererzeugten Bildern, die nirgendwo fotografierbar sind, nicht einmal an einem Trickmodell. So werden ästhetische Räume reiner Irrealität möglich, die allem widersprechen, was wir auf den uns bekannten Planeten wahrnehmen« (Kittler 1989, S. 116). Das heißt, dass die virtuelle Realität im realen Raum »Türen« und »Fenster« installiert, mit denen Ausblicke in rein imaginäre Welten, in Welten, die aus Datenströmen bestehen, ermöglicht werden.

Und auch der Reisende in der virtuellen Realität, der Cyber-Tourist, begibt sich – wie William Gibson es ausdrückt – in eine »einvernehmliche Halluzination«, die aus der grafischen Darstellung gewaltiger Datenmengen besteht, die für das menschliche Wahrnehmungssystem aus Speicherbänken generiert worden sind.

Verschaltungen

Der parasitäre Charakter der virtuellen Realität besteht darin, eine zusätzliche zentralperspektivische Ordnung in eine bereits in dieser Weise organisierte »Realität« einzubringen. Damit potenziert sie die Bilderwelten und treibt die Verbildlichung der Welt immer weiter voran. Dietmar Kamper schrieb hierzu: »Nichts scheint gegenwärtig gewisser als der Triumph des Auges über die anderen menschlichen Sinne. Die Bildmaschinen laufen in der ganzen Welt auf Hochtouren. Alte und neue Medien der Sichtbarkeit arbeiten um die Wette. Immer mehr von dem, was es gibt, gerät in den Blick. Das visuelle Zeitalter ist auf dem Höhepunkt angelangt. Da und dort aber sind auch Zweifel hochgekommen. Durch den Exzess des Imaginären dreht sich möglicherweise seine Funktion um. Der Horizont der Erfahrung ist buchstäblich schon durch Bilder verstellt« (Kamper 1995, S. 54f.).

Ein radikaler Ausbruch aus den Bilderwelten ist uns kaum mehr möglich. Wir gewinnen durch sie Möglichkeiten der Selbstbeschreibung und -darstellung, auf die wir mittlerweile angewiesen sind. Doch die schöne neue Welt der digitalen Ermächtigungen ist keineswegs eine Reise ins Offene, zu ungeahnten Kontinenten und intellektuellen Abenteuern, vielmehr ist bereits eine digitale Ödnis vorherrschend, die recht erstickend wirkt. Wir sitzen als überall erreichbare und damit kontrollierbare Couch-Potatoes fast ununterbrochen vor Bildschirmen und werden von deren Rechenleistungen geleitet. Kaum etwas würde mehr funktionieren, wenn die Maschinen stillstehen würden, die totale Abhängigkeit von der Computertechnologie löst allmählich das souverän reflektierende menschliche Subjekt ab, und etwas in unseren Hirnen scheint sich auf dramatische Weise zu verändern: »Durch die Vielzahl der neuen Medien und durch die Fülle an Informationen, die sie digital versenden, hat bei vielen von uns erstaunlicherweise ein Umbau des Denk- und Erinnerungsapparats eingesetzt. Hirnforscher haben gezeigt, dass sich die neuronalen Verschaltungen in unserem Gehirn verändern, ohne genau sagen zu können, ob noch die Glühbirne am Ende des Stromkreises angeht oder schon die Müllpresse. Die neue Architektur verändert auch das Ich, das in ihr wohnt – in einem Tempo, das Evolutionsforscher, milde ausgedrückt, in Erstaunen versetzt. Etliche Hinweise sprechen dafür, dass sich auch unsere geistige Architektur zu verändern beginnt« (Schirrmacher 2009, S. 31).

Die Veränderungen unserer technologischen Produktionsweisen, die vehement auf unser Bewusstsein einwirken, setzen eine Dynamik in Gang, der sich die Subjekte nicht entziehen können und an deren Ende heute der Prozess des *Geistessterbens* steht. Das Digitale verselbständigt sich und verwandelt den analogen Geist bis zur Unkenntlichkeit.

In der Mediengesellschaft wird das Imaginäre immer wichtiger, es übersteigt den Status des Wunschbildes und schleicht sich in alle sozialen Abläufe als deren vorgestellte Grundlage ein. Deshalb wird das abstrakte Modelldenken immer dominanter, seine sorgfältig auf projizierbare Folien aufgetragenen Folgerungen verengen dabei die stets komplexe Wirklichkeit auf die kalkulierbaren Faktoren. Von diesen Veränderungen sind die Bildungsinstitutionen in besonderem Maß betroffen, und zwar in einer paradox anmutenden Konstellation: Einerseits liegen technologische und mediale Beeinflussungen und Formungen der Kinder und Jugendlichen außerhalb des Wirkungsrahmens der Bildungsanstalten, andererseits soll zum Beispiel die Schule vermittels ihres

Bildungsauftrages Negativfolgen der totalen medialen Mobilmachung auffangen und ausgleichen.

Allein die Arbeitswelt hat sich in den letzten zwanzig Jahren komplett verändert. Viele mögen darüber jubeln, dass sie nun von zu Hause aus ihren virtuellen Job erledigen oder Waren über das Internet bestellen oder verkaufen können – doch mit diesem Komfort sind auch dramatische Problemlagen entstanden. Die Abstraktion von Arbeit wird immer massiver, das Arbeitsprodukt kann eine völlig formbare digitale Datei sein, zu der der »Produzent« kaum mehr ein besonderes Verhältnis haben dürfte. In anderen Worten: die Entfremdung der Arbeit eskaliert in dem Maße, in dem Prozess und Produkt der Arbeit virtuell werden. Wir sitzen ununterbrochen vor Bildschirmen und beobachten Daten und Bilder, während das gezielte Anklicken von bestimmten Optionen – zum Beispiel im Kontext der Finanzwirtschaft – zu ungeheuren Auswirkungen für die Volkswirtschaften von Ländern und Regionen führen kann. Was für die einen ein aufregendes Spiel um Werte und Entwertung ist, wird für die anderen zum bitteren Ernst, bis hin zur dramatischen Verschlechterung ihrer materiellen Lebensverhältnisse, ausgelöst durch virtuelle Steuerungen. Am Ende steht die unheilvolle Allianz der digitalen Technologien mit der politischen Kontrolle und dem allseits verbreiteten Marketing. Diese Trias setzt der Gesellschaft gewaltig zu: »Was Eltern und Erzieher auf der Grundlage dessen, was die Zivilisation an Kostbarstem angesammelt hat, von frühester Kindheit an geduldig und bedächtig formen, ruinieren die audiovisuellen Industrien systematisch mit den vulgärsten Techniken, machen aber zugleich die Familien und das Erziehungssystem für diesen Niedergang verantwortlich. [...] Um für die Imperative des Marketing verfügbar zu sein, wird das Gehirn vorzeitig seines Bewusstseins beraubt, so dass die Formung der synaptischen Schaltkreise, aus der die Bildung der aufmerkenden Fähigkeit, also das Bewusstsein, besteht, durch Umleitung der Aufmerksamkeit auf Objekte der Programmindustrien blockiert wird« (Stiegler 2008, S. 112f.).

Der Geist, der nur als mitdenkender und mitfühlender diesen Namen verdient, wird tendenziell aufgegeben in der kalten Maschinenwelt der neuen digitalen Weltordnung. Seine Aufgabe besteht nun darin, die Geschlossenheit der technokratischen Welt in Frage zu stellen.

3 Die feindliche Übernahme des Geisteslebens durch Controlling und Marketing

In einer aktuellen Inszenierung des Hamburger Schauspielhauses von René Pollesch mit dem Titel »Mädchen in Uniform – Wege aus der Selbstverwirklichung« ist die folgende Textpassage zentral: »Momentmal! Ich hab' die Richtung verloren! Wenn die Ausbildung hier drinnen voller Strenge und Disziplinierung ist und wir eure Lebenszeit regeln mit Bachelor und Master, dann wird mit aller Wahrscheinlichkeit da draußen eine exaltierte Künstlerin aus euch! Kontrolle und die Verwertung des Unkontrollierbaren schließen sich nicht gegenseitig aus. [...] Da draußen in der Arbeitswelt wirst du einmal von gemeinsam gemachten Erfahrungen ausgeschlossen sein. Aber nicht hier drin. Und vielleicht geht es zum ersten Mal bei einer Rebellion gegen eine Bildungsfabrik, wie die, gegen die gerade protestiert wird, auch gegen die zukünftigen Bedingungen als Selbstverwirklicherin und Standortfaktor da draußen. Die Universitäten werden immer mehr zu Bildungsfabriken. Und nur in Fabriken und Gefängnissen lassen sich Formen des Protests entwickeln« (Flyer des Hamburger Schauspielhauses, 2010).

Weitgehend unbemerkt von einer größeren Öffentlichkeit oder lediglich achselzuckend kommentiert, hat sich in den letzten Jahren ein einschneidender Wandel in unseren Bildungsinstitutionen vollzogen, ein Wandel, der für die zukünftige gesellschaftliche Entwicklung gravierende Auswirkungen haben wird: Ich möchte vor allem von der Hochschulreform sprechen, die im Zeichen des sogenannten *Bologna-Prozesses* gegenwärtig eine Überbietung aller Bürokratie-Alpträume realisiert. Hierbei wurde konsequent das bürokratische italienische Hochschulsystem mit dem angelsächsischen gekreuzt, das sich durch vielfältige Kontrollmechanismen auszeichnet. Hinzu kommt dann noch der deutsche Perfektionismus, der es auch während des Afghanistan-Einsatzes der Bundeswehr geschafft hat, in der Umgebung um Kundus Schilder mit der Aufschrift: *Hier gilt die Straßenverkehrsordnung* aufzustellen.

Die europaweite Reform, die in den unterschiedlichen EU-Ländern jedoch höchst unterschiedlich vollzogen wird – vom vorauseilenden Gehorsam bis zur getarnten Verweigerung – kann vor allem dadurch charakterisiert werden, dass eine zentralistisch angelegte politische Steuerung nun die Geschicke der für das freie Geistesleben immer noch nicht ganz unwichtigen Studieranstalten leiten soll. Die sogenannte *Durchgriffsteuerung* bildet die operative Grundlage dieser fragwürdigen Entwicklung. Damit geht ein deutlicher Entzug akademisch-demokratischer Traditionen einher, und eine von politischen Planungen und Einstellungen bestimmte »Denke« (dieser ätzende Neologismus sei hier einmal ganz unverblümt eingesetzt) wird nun für die Geschicke von Bildungsinstitutionen maßgeblich.

Das bereits absehbare Ergebnis ist eine europäische Hochschullandschaft, die weniger mit der Freiheit von Forschung und Lehre als weitaus mehr mit den unerschütterlichen Verfahren des Controlling und Benchmarking zu tun hat. Exzellenz-Rhetorik, begleitet von durch Kennzahlen verzerrter Forschung und Lehre, halten ihren Einzug in die Hochschulen ebenso wie ununterbrochene Preisverleihungen und Prestigeprojekte. Wir könnten den Sachverhalt *Prestige-Darwinismus* nennen: »Um die Unsinnigkeit des Kennzahlwahns in all seinen Nuancen zu illustrieren, wird gerne der allgegenwärtige Einstein angeführt. Er publizierte zwar überaus Wichtiges, aber eben nur recht wenig – ein Versager nach Maßstäben des Hirsch-Index. Seine Drittmitteleinwerbung tendierte gegen Null, auch Schüler brachte er kaum hervor« (Schollwöck 2009, S. 79).

Die gesamte Reform-Formatierung ist offenbar an der Vorstellung dessen ausgerichtet, was sich Politiker und Betriebswirtschaftler als »Erfolg« in unruhigen Nächten erträumt haben. Von der Exzellenzinitiative bis zur Einäscherung eines freiheitlich-demokratischen Bildungswesens ist es jedoch nur ein kleiner Schritt. Ein Schritt, der stets begleitet ist von Kosten-Nutzen-Rechnungen, Stärken-Schwächen-Gegenüberstellungen und die viel zitierten »Qualitätssicherungen«. Letztere haben in unserem Land regelmäßig im Bildungs- wie im Gesundheits- und Sozialsystem zu erschreckenden Zerstörungen der Qualität geführt.

Vieles ist in den letzten Jahren über diesen »alternativlosen« Prozess geschrieben worden, das auf die massiven Folgeprobleme hinwies, doch es sieht so aus, als lasse sich die nun teuer »implementierte« Entwicklung nicht mehr umkehren. Der eigentliche Skandal ist, dass wir in einem gesellschaftlichen Bereich, der eigentlich durch seine Selbstbestimmung charakterisiert sein müsste, auch um seine wichtige Rolle bei der Ermöglichung demokratischer Öffentlichkeit zu erhalten, nun eine unglaubliche Fremdbestimmung durch die erfolgreich durchgesetzte Ökonomisierung von Bildung erleben. Die Folgen sind längst sichtbar: Hochschulen werden entdemokratisiert, entwickeln sich zu Präsidialdiktaturen, Unternehmen dringen in sie ein und lassen sich Studien- und Weiterbildungsprogramme gegen Geld auf ihre Bedürfnisse hin zuschneiden. Gleichzeitig ist eine enorme Akkreditierungs- und Evaluationsbürokratie entstanden, für die wertvolle Lehr- und Forschungszeit eingesetzt werden muss. Millionen von Stunden werden an den europäischen Hochschulen mit diesen Verfahren vergeudet, eine Zeitvernichtung, die sich Krämerseelen aus Beraterfirmen und Medienkonzernen gemeinsam mit ihren politischen Netzwerkpartnern ausgedacht haben. Und darüber hinaus: Sie wollen die Wirklichkeit des Denkens in ihre Richtung lenken. Das wäre der größte Coup: »In allen Bereichen der Gesellschaft werden historisch gewachsene Strukturen der Herrschaft durch globale Paradigmen und Akteure ersetzt, denen es, gemessen an demokratischen Maßstäben, an Legitimität mangelt« (Münch 2009, S. 199).

Mit der »Implementierung« der neuen Studienmodelle geht ein fundamentaler Wandel der Hochschulen einher, die nun bekanntermaßen alle zu Unternehmen werden sollen. Gemäß den Vorschlägen des zu Bertelsmann gehörenden Centrums für Hochschulentwicklung – kurz CHE – sollen die Hochschulen und Schulen neben einem staatlichen Sockelbetrag ihre Finanzierung verstärkt durch die Einwerbung von Mitteln (sogenannten »Drittmitteln«) leisten. Der Staat tritt mehr und mehr von seinen Verpflichtungen in dieser Hinsicht zurück, stattdessen soll unternehmerisches Denken Einzug halten, das alle Beteiligten zugleich für den »globalen Wettbewerb« rüstet. Mittels »Public Private Partnerships« sollen Unternehmen auch zunehmend direkt im Bildungsbereich tätig werden. Mit dieser Vermischung von Wirtschaft und Bildung wird eine der wesentlichen Grundlagen der demokratischen Gesellschaft, nämlich die Autonomie des Bildungswesens, radikal umgestellt. Die Folge ist, dass das Bildungssystem mehr und mehr nach den Vorgaben ökonomischer Imperative funktionieren muss und sich folglich an Vorgaben zu orientieren hat, die nicht aus seiner eigenen Logik stammen. Institutionen, die vormals der – stets unsicheren – Suche nach Wissen und Wahrheit verpflichtet waren, werden nun solche, die klare und eindeutige wirtschaftliche Regeln befolgen müssen und darüber hinaus auch nach diesen beurteilt werden: »Die Litanei von ›Wettbewerb‹, ›Transparenz‹, und ›Qualitätsmanagement‹ wird inzwischen vom Sparkassendirektor bis zum Schulrektor und zum Universitätspräsidenten mit einer solchen Selbstverständlichkeit heruntergebetet, dass sich niemand mehr eine andere Welt vorstellen kann« (Münch 2009, S. 114). Gleichzeitig zieht eine würdelose Bonus- und Showkultur mehr und mehr in die Hochschulen ein. Sie ist mit der Abwertung und Auflösung des Akademischen verbunden und damit auch mit der Abwertung und Auflösung akademischer Freiheit.

Doch wie konnte das überhaupt geschehen? Unter anderem durch eine typische Berater-Methode: Dynamische Herren oder Damen erscheinen mit unerschütterlichem professionellem Lächeln und erzählen staunenden Leuten vor Ort die simple PowerPoint-Story, dass alles, was bisher geleistet wurde, nicht mehr ausreiche. Um sich der Globalisierung zu stellen, müsse man eine totale Neuorientierung angehen, sonst könne man nicht überleben. Und wenn sie dann loslegen dürfen, wird umgebaut, was der Baukasten hält. So ist es in der Wirtschaft überall passiert in den letzten Jahren, und die heutige gesellschaftliche Krise verdankt sich zu einem beträchtlichen Anteil dieser Übernahme-Mentalität. Diese Mentalität ist dem Akademischen total entgegengesetzt. Hochschulen sind auf Formen von Interaktion angewiesen, bei denen es nicht nur um Wettbewerb und Modellphantasien geht, sie beruhen auf einer Kultur unterschiedlicher Diskurse. Ist jedoch einmal der Wettbewerb das Maß aller Dinge, dann leidet darunter die auf Freiheit, Verantwortung und Gemeinsinn fußende Wissenskultur. Nachdem der entfesselte Markt die Mega-Krise verursacht hat, wenden sich heute viele Manager hilfesuchend an den Staat. Damit gestehen sie ein, dass wesentliche Prinzipien, die in den letzten Jahren Wirtschaft und Politik bestimmt haben, gescheitert sind: Die Krise ist zum Lehrmeister geworden. Es besteht in der gegenwärtigen Krise die zarte Chance eines Umdenkens.

Der Totalumbau des Bildungssystems durch die Techniken des Controllings, die in den Institutionen allgegenwärtig sind und eine zerstörerische Allianz mit den von Beratern beeinflussten Bildungspolitikern formieren, ist für das Geistesleben eine tödliche Bedrohung. Was heute passiert, ist die zunehmende Eliminierung von Bildung durch die Maßgaben des

Controllings, die die Betroffenen in der Regel auch noch selbst erarbeiten müssen. Alle hängen am Tropf, wir erbauen unser mentales Gefängnis und sorgen dafür, dass es ein Hochsicherheitstrakt wird.

Die falsche »Vision« der von Beratern beratenen Institutionen ist es, durch technische »Scharfstellung« Bildungsprozesse unter Kontrolle zu bringen und dann das Letzte an »Output« herauszuholen. Im Grunde stören die Lehrenden und Lernenden dabei als unberechenbare Einheiten, die für dieses Modelldenken weitaus zu unberechenbar handeln. Effektiver wären technische Lösungen im fortgeschrittenen dreidimensionalen E-Learning, die die Unwahrscheinlichkeit pädagogischer Interaktionen stark limitiert, damit am Ende mehr »Messbares« herauskommt.

Kultur der Kontrolle

Wenn auch der Begriff der Mentalität an das neunzehnte Jahrhundert erinnern mag, so besteht die Notwendigkeit, ihn heute wieder ins Spiel zu bringen. Es müsste beispielsweise in der Ausbildung von Lehrenden darum gehen, eine Mentalität zu entwickeln, die im weitesten Sinne des Wortes etwas »Geistiges« aufweist. Der Lehrerberuf hat etwas mit Kultur zu tun, auch wenn das in Zeiten der PISA-Hysterie von den Bildungsplanern vergessen wird. Denn kein Lehrender kann etwas Geistiges weitergeben, der es nicht selbst erfahren konnte. Von daher sind die heutigen technokratischen Tendenzen in Schule und Hochschule das reinste Gift.

Die heutige Schule als *Lernfabrik* produziert jedoch mit ihrer einseitigen Effizienz- und Multiplikationsorientierung eine Einstimmung in eine am Konsum- und Leistungserlebnis orientierte Mentalität. Wir erleben Auswüchse einer *Kultur der Kontrolle*, für die die messbaren, zählbaren und konsumierbaren Einheiten wichtiger sind als soziales Verhalten und ästhetische Wahrnehmungen.

In nahezu allen gesellschaftlichen Bereichen hat sich in unserer Zeit ein durch die Massenmedien gesteuerter Mainstream festgesetzt, der selbst heute, in Zeiten der Legitimations- und Finanzkrise, nicht verstummt ist. Da es heute in den Institutionen kaum noch um Inhalte, sondern vielmehr um sogenannte »Exzellenz«, »Innovation«, »Benchmarks« und um »Marketing« geht, werden entscheidende Dimensionen ausgeblendet, die innerhalb der Bildungsinstitutionen keine bzw. eine zu geringe funktionale Bedeutung aufweisen. Für die Bildung ist es jedoch fatal, dass die Techniken des Controllings mehr und mehr die Institutionen und die in ihnen Arbeitenden übernehmen. Man muss sich eines klarmachen: Was von McKinsey & Co. entwickelt wurde, sind im Grunde manipulative Psychotechniken, die die Aufmerksamkeit und das Denken mit einer bestimmten Matrix besetzen sollen. Der Zweck – die Durchsetzung firmenkonformer Projekte und die Verbreitung firmenkonformen Denkens – heiligt jedes Mittel. Und das betrifft immer auch die äußere Hülle der Institutionen, die entsprechend mittels Corporate Design umgebaut werden; Symbolpolitik ist ein Kennzeichen dieser Prozesse. Ergebnis ist das, was wir heute überall in den Bildungsinstitutionen beobachten können: Output- und Kompetenzorientierung, totale Messbarkeit und ausgreifendes Kontrollbegehren. Diejenigen, die diese Tendenzen mit ihrem psychischen Haushalt synchronisiert haben, können sich auf dem Markt behaupten. Doch eine demokratische Gesellschaft hebelt sich selbst aus, indem sie wichtige Spielräume von Bildung und Erziehung mehr und mehr (und zunehmend immer unbewusster) Firmen überlässt, die ganz andere Interessen verfolgen.

Die gegenwärtigen »Hochschulreformen« folgen alle einem ähnlichen Muster. Im Kern geht es nicht mehr um Veränderungen an einer überlieferten Struktur, sondern um einen Komplettumbau, eine Neukonstruktion der Hochschulen. Die Wissenschaftsinstitutionen spielen hierbei eine äußerst problematische Rolle. Von der Kultusministerkonferenz über den Wissenschaftsrat und die Deutsche Forschungsgemeinschaft haben sie sich allesamt auf sinnwidrige Weise den technokratischen Reformen verschrieben. Das ist bitter für dieses Land. Diejenigen, die über die Verfassung unserer Hochschulen maßgeblich mitentscheiden, müssen sich folgende Frage gefallen lassen: Welche Forschung ist relevanter? Die Forschung, die die Deutsche Forschungsgemeinschaft bzw. den Wissenschaftsrat interessiert, oder die, die Forschende, Lehrende und Lernende interessiert?

Es ist der amerikanische Bildungsforscher Burton Clark gewesen, der Ende der neunziger Jahre den Begriff »entrepreneurial university« geprägt und verbreitet hatte. Die unterschiedlichen nationalen Hochschulsysteme sollten damit ein Leitmodell erhalten, um sie für die Epoche der Globalisierung anzugleichen. Der Begriff findet mittlerweile auch bei uns als

»unternehmerische Hochschule« allgemeine Verwendung. Der Unterschied zur traditionellen Universität soll hier stichpunktartig aufgezeigt werden:

- Horizontale Entscheidungsstrukturen in der Tradition der »akademischen Selbstverwaltung« werden zugunsten zentralistischer Managementstrukturen geschwächt;
- Hochschulräte verkoppeln hochschulinterne Prozesse mit der gesellschaftlichen Abnehmerseite wissenschaftlicher »Dienstleistungen«;
- die Ressourcenverteilung auf Hochschulebene erfolgt wettbewerbspolitisch über sogenannte Leistungsindikatoren, welche damit auch akademische Schwerpunktbildungen bahnen;
- ökonomische und akademische Handlungsmotive sollen sich bis zur Ununterscheidbarkeit vermischen.

Folgen, die heute bereits an vielen Hochschulstandorten zu beobachten sind:

- Studiengänge werden reduziert, und nur die ohnehin starken Einheiten überleben;
- an den einzelnen Standorten entwickelt sich eine entfesselte Konkurrenz um Ressourcen und Prestige;
- hoch dotierte Ordinarien recken sich nach Mini-Beträgen, die es beispielsweise für Publikationen gibt. Ein grenzenloser – von den Planern gewünschter – akademischer Darwinismus setzt ein, in dessen Folge eine enorme Verschwendung von Mitteln und Arbeitszeit stattfindet, von der Lebenszeit und der Gesundheit der Beteiligten gar nicht zu sprechen;

– die Wirtschaft nimmt direkten Einfluss auf die Hochschulen und gestaltet sich Studiengänge nach ihrem Geschmack. Die akademischen Traditionen werden durch meritokratische ersetzt;
– es findet eine erschreckende Entdemokratisierung der Hochschullandschaft statt.

Für das *Geistesleben* sind dies nicht gerade günstige Bedingungen, es lässt sich leicht ermessen, welch enorm negative Effekte diese Entwicklung für die Bildung der nachwachsenden Generationen haben wird. Wir produzieren gerade in unseren Lernfabriken Ja-Sager und Karrieristen, wir haben anscheinend nicht genug aus den Diktaturen des zwanzigsten Jahrhunderts gelernt, stattdessen folgen wir betriebsblind dem amerikanischen Vorbild und werfen die eigenen guten Traditionen leichtfertig über Bord.

Bundesweit hat die von privaten Institutionen – wie zum Beispiel der Bertelsmann-Stiftung – ausgearbeitete Umsetzung des sogenannten *Bologna-Prozesses* zum deutlichen Rückbau demokratischer Strukturen an den Universitäten geführt: »Den Schaden der Reform und ihrer Illusionen haben die Studierenden so sehr wie die Wissenschaft« (Kaube 2009, S. 13). Durch die Einrichtung externer Hochschulräte und die Ausweitung der präsidialen Macht ist die – laut Grundgesetz unbedingt zu wahrende – Freiheit von Forschung und Lehre bedroht. Da ein Hochschulpräsident praktisch nur noch an die Weisungen des externen Hochschulrates gebunden ist, stellt dies eine weitgehende externe Steuerung der Hochschule nicht nur in Administrationsfragen, sondern auch inhaltlich in der Lehre dar.

Externe Hochschulräte sind heute zum Großteil mit wissenschaftsfernen Betriebswirten besetzt.

Die »unternehmerische Hochschule« entpuppt sich also insgesamt als ein totaler Umbau der Universität, ein Umbau, der, um durchgesetzt werden zu können, noch der Abschaffung demokratischer Entscheidungsbildung bedarf. Demokratisch gewählte akademische Gremien werden immer bedeutungsloser, Prüfungsordnungen werden zentralisiert, Berufungskommissionen mit überwiegend externen Mitgliedern besetzt, und das jeweilige Präsidium kann nach seinem Belieben »zukunftsweisende« Studiengänge einrichten. Die Basis einer Hochschule sind aber nicht die maßlosen Entwürfe, die man in den neunziger Jahren parallel zum Wirtschaftsboom in den Controlling-Hochburgen wie nachhaltig wirkende Übernahme-Appetizer entwickelt hat, sondern die Basis einer Hochschule sind die Studierenden und die Lehrenden. Und gerade die werden in ihren Rechten immer mehr eingeschränkt. Eben weil es nicht mehr um sie geht, sondern hauptsächlich um die Marke.

Im Zentrum der »unternehmerischen Hochschule« stehen nicht mehr Erkenntnis und Wahrheitssuche, sondern die Einwerbung von Mitteln und der Verkauf bzw. Vertrieb der Marke sowie das gehetzte Ringen um mediale Aufmerksamkeit. Bildung ist aber keine Ware und eine Universität keine Firma. Ein rohstoffarmes Land wie Deutschland sollte die Mittel für Schulen und Hochschulen so zur Verfügung stellen, dass diese Bildungsinstitutionen sich autonom entwickeln können, und der Staat sollte sich gerade in der Krisenzeit eine unabhängige Wissenschaft leisten, denn nur diese Unabhängigkeit gewährleistet die Freiheit von Lehre und Forschung. Der Staat darf sich nicht aus seiner Verantwortung der Finanzierung von Bildung zurückziehen, denn Bildung ist unsere wichtigste Ressource.

Übernahmementalität

Die heutige Krise des Hochschulwesens verdankt sich zu einem deutlichen Anteil der Übernahme-Mentalität der »freien« Wirtschaft, eine Mentalität, die dem Akademischen absolut abträglich ist. Der Wissenschaftsbetrieb kann bei Aufgabe seiner Autonomie seine wichtigsten gesellschaftlichen Funktionen nicht mehr wahrnehmen: Als Ort autonomer und pluraler Diskurse sollten die Hochschulen – unabhängig von Wirtschaftsideologien und politischen Steuerungsbegehren – ihre demokratischen Aufgaben erfüllen und die grundsätzliche Kritikfähigkeit fördern und pflegen. Die Führung von Hochschulen wie Wirtschaftsunternehmen ergibt ein – wissenschaftlich gesehen – völlig fehlgesteuertes Gebilde. Kennziffernsteuerung, Drittmittelbeschaffung, Credit-Points und Evaluationen erzeugen künstliche Planspiele in einer Welt des Prestige-Darwinismus, in der möglicherweise Verwaltungsaufgaben höchst effizient und kostengünstig abgewickelt werden und die Spitzen der jeweiligen Einheiten sich lächelnd in Hochglanz-Printmedien präsentieren können. Mit den Belangen der in sich absolut unterschiedlichen Wissenschaften hat all das jedoch überhaupt nichts zu tun. Ihre spezifischen Qualitäten fallen oftmals völlig durch die Bewertungsraster, und die Orientierung an kurzfristiger wirtschaftlicher Verwertbarkeit stellt einen mörderischen Eingriff in die Verfassung von Bildungsanstalten dar.

Der wissenschaftliche Wettbewerb der Ideen und Diskurse wird schrittweise ersetzt durch die flüchtigen Jagden des Marketings. Begünstigt wurde all das durch allgemeine gesellschaftliche Entwicklungen: »Der ideologische Kitt, der alle Beteiligten des großen Gewinnspiels miteinander verband, war eine Kultur des Erfolgs, welche die soziale Durchsetzung von Gewinnen um bald jeden Preis betrieb. Erfolg mutierte zu einer reinen Wettbewerbskategorie, bei der es auch in ökonomischer Hinsicht nicht auf Wertverwirklichung ankam, wenn nur die Bilanzen im persönlichen Geltungskampf fortwährend nach oben getrieben werden konnten. Maßstäbe hierfür waren allein die nackte Summe des Geldes, die Strahlkraft des eigenen demonstrativen Konsums und die prestigeträchtige Stellung an der Spitze der globalen VIP-Lounge-Kategorie. Die Sucht nach Erfolg, vermessen in reinen Geld- und Statusbegriffen, wurde zum mentalen Pendant des Finanzmarktkapitalismus, zur Subjektivierung einer Wettbewerbsgesellschaft, in der sich das Ranking auf vorderen Plätzen zu einer Art Privatreligion aufrichten konnte« (Honegger/Neckel/Magnin 2010, S. 74f.).

Die grausame geschichtliche Realität Nazi-Deutschlands hatte die Verfasser des Grundgesetzes einst dazu veranlasst, die Freiheit von Kunst und Wissenschaft an eine zentrale Stelle zu setzen. Dass diese beabsichtigte kritische Funktion heute ausgehebelt wird, erschreckt besonders. Für die Bildungsinstitutionen besteht die dringende Notwendigkeit, so rasch wie möglich Abstand von den falschen Regulativen zu nehmen, die Unternehmensberater in sie hineingeschleust haben. Die inhaltliche Auseinandersetzung und der Widerstreit sollten dabei den wuchernden Handel und den zähnefletschenden Wettbewerb ersetzen. Die Erfüllung von Art. 5 Abs. 3 des Grundgesetzes sollte erstes Etappenziel sein. Es wäre das mindeste, was von Bildungspolitik erwartet werden kann. Die Entwicklungen hinsichtlich der »unternehmerischen Hochschule« sind umkehrbar. Diese Umkehr muss auch erfolgen, wenn das deutsche Hochschulsystem nicht insgesamt schweren Schaden erleiden will. Der Zeitpunkt hierfür ist nicht ungünstig, denn die allgemeine Lage hat sich verändert: Wir leben nicht mehr in Zeiten des Börsenhypes und des ungehinderten Wachstums. Auch die überbewerteten amerikanischen Universitäten haben in der Krise riesige Verluste gemacht und dabei die Grenzen ihrer Gewinnorientierung erfahren. Wir erleben eine Umkehrung und Umwertung einiger Werte, die vor kurzem noch als zementharte Leitvorstellung gegolten haben. Deshalb müssen die Hochschulen und ihre Leitungen – und seien sie noch so sehr von ihren eigenen Konzepten eingenommen – dafür sorgen, dass es in diesen Institutionen ein Klima dafür geben kann, dass junge Menschen, die sie besuchen, die Freiheit des Denkens erfahren und diese später in ihrem Berufsleben weitergeben können. Ein Land, das im zwanzigsten Jahrhundert furchtbare Diktaturen hinter sich gebracht hat, muss in der Lage sein, mittels seiner Bildungsinstitutionen wesentliche Elemente der demokratischen Konstitution zu reproduzieren. Diese Erfahrungen müssen uns dauerhaft an Kritik und Aufklärung orientieren – auch wenn diese unbequem sein sollten und möglicherweise der allseits verordneten »Effizienz« entgegenstehen. Wir können uns dabei auf unsere eigenen guten Traditionen verlassen – ich nenne nur einige: Leibniz, Kant, Schiller, Goethe, Novalis, Kleist, Büchner, Hegel, Schopenhauer, Nietzsche, Heidegger, Adorno. Und auch die noch nicht eingelösten Versprechen der französischen Revolution – *Freiheit, Gleichheit, Brüderlichkeit* – können durchaus als Leitmotive weiterhin gelten.

In der Geschichte des Abendlandes wurde die Entwicklung der Zivilisation stets mit der Frage nach einer gerechteren und freieren Gesellschaft verbunden. Von der attischen Philosophie bis zum Christentum, von der Renaissance bis zum Zeitalter der Aufklärung zielte das Denken auf eine freiere und gerechtere Welt; die Entwicklung des Geistes und die Entwicklung der Zivilisation wurden dabei als miteinander verschränkt gedacht. Sicherlich ist dieses Denken mit der Postmoderne in Frage gestellt worden, und die »Dialektik der Aufklärung« von Horkheimer und Adorno, die die verdeckten Schattenseiten der Aufklärung thematisierte, soll hier ebenso wenig ausgeblendet werden wie die zivilisationskritischen Schriften Foucaults oder Lyotards. Doch es ist absehbar, dass in einer Zeit, in der das Denken zunehmend in den technokratischen Dienst genommen wird, eine qualitative Umwertung erfolgt ist, deren Resultat letzten Endes das Aussterben eines auf gesellschaftliche Emanzipation und Aufklärung gerichteten Bewusstseins darstellt. Die Entwicklung des kritischen abendländischen Denkens beinhaltet eine durchaus organische Logik; sie wird allmählich ersetzt durch anorganische Abstraktionen, durch mathematische Codes und maschinelle Rechenoperationen. Das Denkens transformiert sich, es passt sich nach und nach den Maschinen an. Man kann das am »Trainingserfolg« ermessen, den Kinder erzielen, die viel Zeit mit Computerspielen verbringen, nämlich ihre stark erhöhte Reaktionsfähigkeit in der Bedienung der Geräte. Es ist auch daran zu ermessen, wie sehr sich der Sprachgebrauch in den letzten Jahren geändert hat, wie nicht nur immer mehr Anglizismen in die deutsche Sprache eingewandert sind, sondern zum Beispiel auch SMS-Kürzel oder komplizierte Internetadressen Gegenstand der Alltagskommunikation wurden. Und während unsere Sprache technifiziert wird, können Fremdwörter jederzeit ein echtes Befremden auslösen.

Es sollte gerade im Hinblick auf ökonomische Entwicklungen nicht ignoriert werden, dass im Gegensatz zu Maschinen und Finanzprodukten die Kultur eines Landes nicht beliebig kopiert werden kann, gerade in der heutigen Zeit bleibt der kulturelle Sektor eine der entscheidenden Wirtschaftskräfte. Um ihn zu erhalten, dürfen Politik und Wirtschaft die Kultur aber nicht überformen. Die Ausrichtung der Schulen und Hochschulen als Lernfabriken ist jedenfalls beides: Eine ökonomische und kulturelle Sackgasse. Im Land der »Dichter und Denker« (und bildenden Künstler und Musiker) ist seit Jahren der Trend zu beobachten, die Stundentafel der musischen Fächer zu kürzen. Und das, obwohl internationale Studien eindeutig belegen, dass gerade Fächer wie Musik und Kunst hochgradig positive Wirkungen für die Entwicklung von Kindern und Jugendlichen haben,

Wirkungen, die nachweislich auch in andere Bereiche ausstrahlen. Gegenwärtig werden zu Lasten der musischen Fächer nicht nur pädagogisch fragwürdige Umverteilungen geplant, sondern auch die kulturelle Verarmung von Schulen mit eingeleitet. Mit solchen Maßnahmen fallen wir im internationalen Vergleich, wo es weitaus finanzschwächere Länder gibt, die mehr für die kulturelle Bildung tun, deutlich zurück. Joseph Beuys hat zu seiner Zeit hierzu folgendes formuliert: »Und die Tendenz ist ja von einer Seite aus eine absterbende, das heißt, der Staat legt keinen großen Wert mehr auf die künstlerische ästhetische Erziehung des Menschen, sondern er legt Wert auf die Reproduktion von technischer Intelligenz zur Aufrechterhaltung seines Machtsystems. Aus diesem Grunde kommt man an die Lösung der politischen Aufgabenstellung für die Zukunft, auch an die Ausbildung einer neuen Vorstellung für die zukünftige Gesellschaftsordnung nur weiter an Hand des Menschenbildes selbst« (Beuys in: Bodenmann-Ritter 1975, S. 69). Wer profitiert eigentlich von der Entwertung des Geisteslebens?

Unter diesen Umständen sollten die Bildungsinstitutionen lieber offensiv das Hohelied der Armut anstimmen, statt sich von der hinterhältigen, geistestötenden, und letztlich spießigen (weil es eben nur um das *größer, höher, weiter* geht) Unternehmens- und Exzellenz-Ausrichtung abwenden. Denn diese ist nichts anderes als eine Sackgasse (Englisch: *Dead End Street*). Die Bildungsinstitutionen sollten in Angriff nehmen, das, wofür sie eigentlich gegründet worden sind, wieder als Hauptaufgabe zu praktizieren.

Was war es noch gleich?

4 Das Ende der Kunst als Spektakel

Auch der Gang der Kunst ist vom Geistessterben nicht verschont geblieben, im Gegenteil: Das heutige Kunstsystem hat in einer ökonomisierten Gesellschaft wichtige Funktionen. Es experimentiert mit Formen von Beobachtung, der Herstellung von Aufmerksamkeit und der Bildung von Werten, die sonst nirgendwo anders vorkommen. Deshalb können sich gerade in der Kunst neue gesellschaftliche Tendenzen frühzeitig abzeichnen: im Guten wie im Schlechten. So sind aktuell künstlerische Positionen gefragt, die erproben, wohin sich unwahrscheinliche Gestaltungen unter den Bedingungen der heutigen Arbeitswelt entwickeln können. In unserer Zeit kann das *Leben* selbst noch wertbildend im Kunstsystem ausgestellt werden, wie in den zurückliegenden Jahrzehnten geschehen. Und gerade in der neoliberalen Epoche wurden künstlerische Strategien und Verfahren nahtlos ins ökonomische System überspielt, von Theaterseminaren für Manager bis hin zum Rollenmodell des Künstlers als Vorbild für die breit angelegte Einführung prekärer Arbeitsverhältnisse.

Traditionelle aufklärerische Begriffe wie z. B. »Autonomie« oder »Subjektivität« sind dabei im Zuge der ökonomischen Taktung zu Faktoren der Selbsttechnologie bzw. -optimierung geworden: »Markierte die Subjektivität in den traditionellen gewerkschaftlichen oder linksradikalen Diskursen den *point de resistance* gegen ›entfremdende‹ Arbeitsverhältnisse, so machen Managementkonzepte wie das TQM [*Total Quality Management*, Anm. d. Verf.] daraus eine sozialtechnologisch zu erschließende Ressource. [...] ›Arbeiterautonomie‹, noch in den sechziger und siebziger Jahren eine klassenkämpferische Parole, die Fabrikbesetzer und Streikkomitees auf ihre Fahnen schrieben, hat den Ruch des Subversiven eingebüßt und ist zum Rationalisierungsinstrument mutiert – freilich nicht ohne die geforderte Selbstbestimmung auf die Verinnerlichung jener Marktmechanismen zu verengen, deren Herrschaft der Kampf um Autonomie einmal brechen sollte« (Bröckling/Krasmann/Lemke 2000, S. 142). Die Kunst als einen »Störfaktor« zu behaupten und damit von ihrer Differenz zum gesellschaftlich Allgemeinen zu sprechen fällt schwer in einer Zeit, in der Kunst und Arbeitssphäre sich bis zur Ununterscheidbarkeit ineinander verschlungen haben. Die Unterordnung der »künstlerischen« Arbeit unter die ökonomische Perspektive erscheint unausweichlich. Statt der Kunst um der Kunst willen gibt es heute die Arbeit um der Kunst willen. Für eine Kunst, die sich nicht nur aufs Anfertigen unwahrscheinlicher Gegenstände beschränkt, sondern sich im Kern als repräsentationskritisch versteht, ist es äußerst schwierig geworden, sich in einer Welt zu behaupten, die Leitmotive, an denen sich die Kunst einst abgearbeitet hatte, derartig umgewertet hat. Die Position der Künstler zu den Kunstinstitutionen kann heute nicht von dem grundlegenden Widerspruch befreit werden, mit der repräsentationskritischen künstlerischen Arbeit die Repräsentation bzw. Reproduktion der Institution innerhalb des Kunstfeldes mitzugenerieren. Auch die kritischste Ausstellung, die widerständigste künstlerische Attitüde, die provokativste Geste trägt zur Selbst-Reproduktion des Kunstfeldes und seiner Institutionen bei; aus dieser Logik kommen heute weder die künstlerischen Arbeiten noch die Künstler heraus.

Die Rolle, die die Kunst dabei spielt, ist ambivalent, denn sie wird zunehmend zum strategischen Element der Gewinnung von Reputation und zum Lieferanten für »innovative« Methoden, die dann in anderen Marktkontexten sowie zum Umbau der Gesellschaft verwendet werden können. Einige der Ergebnisse der kritischen Kunst der neunziger Jahre sind heute zum Bestandteil des Stadtmarketings geworden, und die wenig zimperliche »Kreativwirtschaft« lebt vom nicht versiegenden Strom junger Kunsteleven, die sich, angetrieben von konsequent gepflegten Glamour-Versprechen, auf den steinigen Weg der Kunst begeben haben.

Da es in vielen Institutionen im Zuge des mittlerweile verbreiteten *New Public Management* verstärkt um »Exzellenz«, »Innovation« und »Marketing« geht, werden zunehmend wichtige Dimensionen ausgeblendet, die keine oder eine zu geringe funktionale Relevanz aufweisen. Auch für die Kunst ist es fatal, dass die Techniken des Controllings mehr und mehr die Kunst-Institutionen bestimmen. Überall in den Kunst- und Kulturinstitutionen beobachten wir Output-Orientierung, Konzentration auf repräsentative Namen, Markenentwicklung. Um sich erfolgreich auf dem Kunstmarkt behaupten zu können, sind deshalb für Künstler Anpassungen an diese institutionellen Anforderungen unabdingbar, andernfalls tauchen sie nicht als ernst zu nehmende Größen auf. Für die

Kunst ist das eigentlich eine absolut kontraproduktive Entwicklung, denn das »Betriebssystem« liefert bereits Aspekte der Produktion von Kunst mit, die nicht mehr in der Hand der Kunstproduzenten liegen: »Letztlich besteht die Paradoxie der Funktionslosigkeit von Kunst darin, dass sie nur aufrechterhalten werden kann, indem Künstler sich Situationen aussetzen, in denen diese Funktionslosigkeit auf die Probe gestellt wird« (Heiser 2007, S. 345).

Wenn heutige Kunst als »Arbeit« funktioniert, dann vor allem auch im Sinn einer Kunst, die sich der neoliberalen Allgemeinheit nicht nur aussetzt, sondern mit dieser konform geht. Der Unterschied zwischen dieser Form von Kunst zu einer anderen kann aber nur dann überhaupt festgestellt werden, wenn man auf einer – wie auch immer gearteten – Autonomievorstellung der Kunst nach wie vor beharrt. Fraglich ist dabei sicherlich, wo diese Autonomie in einer geschlossen ökonomisierten Gesellschaft angesiedelt sein könnte.

Kunst und Popkultur

Kunst kann heute alle möglichen Materialien, Gegenstände, Medien, Kommunikationen, Handlungen zur Erzeugung neuer Formen verwenden, sie ist in keiner Weise mehr an bestimmte Verfahren gebunden. – Dies ist die entscheidende Leistung der Kunstentwicklung des 20. Jahrhunderts gewesen. Einerseits bringt die Kunst Andersheiten gegenüber rein zweckrationalen Dingen hervor, andererseits ist sie seit der Moderne damit beschäftigt, ständig Differenz zu sich selbst zu erzeugen und neue »Programme« zu entwickeln. Da liegt der Gedanke nahe, dass Kunst in dem Sinne zum Störfaktor werden kann – was ihr tatsächlich häufig gelungen ist – um die *Repräsentation des Sinns* in Frage zu stellen. Mit der modernen Kunst ist es immer auch um diese veränderte *Sinnproduktion* (im Sinne der Kunst) gegangen. Doch das hat sich in der heutigen Medien-Gesellschaft deutlich gewandelt. Der Störfaktor ist zum Mainstream-Phänomen geworden.

Das Berliner Stadtmagazin *zitty* titelte in seiner Ausgabe 6/2006: »KUNST IST POP. Galerien sind die neuen Clubs. Der Kurator ist der neue DJ, nur ohne Musik. Und jeden Abend ist irgendwo Eröffnungsparty. Warum bloß? Was ist plötzlich so hip an Eröffnungen? Daran, abends in Museen und Projekträumen herumzustehen?« Im weiteren Verlauf macht der Beitrag deutlich, dass die zeitgenössische Kunst längst zum heutigen Lifestyle gehöre und wie alle anderen Dinge, die der Kommunikation dienen, in medialen Kontexten Verwendung finde.

Die Ehe, die die Kunst mit der Popkultur eingegangen ist, kann nicht mehr annulliert werden. Das wird beispielsweise in zeitgenössischen Videos deutlich wie in *Do you want to?* von *Franz Ferdinand*, in dem die Band eine Kunstgalerie aufmischt und die Geschichte des Pop von Marcel Duchamp über Dan Flavin und Andy Warhol bis hin zu Jeff Koons und Vanessa Beecroft im Zeitraffertempo erzählt. Im Zuge des Zusammengehens von Kunst und Pop ist die Durchlässigkeit und Anschlussfähigkeit der Kunst für unterschiedlichste Anwendungen und in vielfältigste Richtungen hin unternommen worden. Zeitgenössische Kunst wird nicht nur auf ihren ästhetischen Gehalt oder ihren Erkenntnisgewinn hin betrachtet, sondern sie ist Projektions- und Spielfläche für allerlei Aktivitäten und Transformationen. Dass sie dabei auch in den Sog der Unterhaltungsindustrie geraten ist, mag kaum verwundern. Denn die Kunst, die vornehmlich mit der Generierung unwahrscheinlicher Formen beschäftigt ist, bringt zahlreiche Gestaltungen hervor, die für die Interessen der Unterhaltungsindustrie eine bedeutende Ressource darstellen. Es gibt viele Querverbindungen, autonome Kunst ist auch historisch nie von angewandter vollkommen getrennt gewesen. Kunst und Werbung beispielsweise haben zu keiner Zeit unabhängig voneinander existiert, eines der ersten industriell gefertigten Werbeplakate überhaupt, das »Bubbles«-Plakat der englischen Seifenfirma *Pears*, ging auf das Gemälde des Präraffaeliten Sir John Everett Millais zurück, das 1887 von der Company erworben und dann als Werbemotiv verwendet wurde, der Originaltitel lautete »A Child's World« (die Seife wird heutzutage in Deutschland bezeichnenderweise von einem Unternehmen vertrieben, das mit: »Es gibt sie noch, die guten Dinge« wirbt). Im Gegensatz zum Pop-Dispositiv des zwanzigsten Jahrhunderts wurde hier das Kunstwerk zur Veredelung des Alltagsgegenstandes verwendet, in der Pop Art durfte später das alltägliche Objekt selbst zum Kunstwerk mutieren. Was sich in der Vermischung von autonomer und angewandter Ästhetik anders darstellt als zu Beginn des 20. Jahrhunderts, ist, dass die Avantgarden damals die Lebensstile der jeweiligen Bohème geprägt hatten, während der heutige *Lifestyle* eng mit einem jeweiligen – massenmedial eingerichteten – *Mainstream* verschränkt ist.

In der gegenwärtigen Verfasstheit des Kunstsystems sind *Netzwerkbeteiligungen*, *Dresscodes* und das verbreitete *Namedropping* angesagter Positionen und Personen wichtiger als die tatsächliche Arbeit an bzw. die Einlösung von ästhetischen Positionen. Es reicht bereits, wenn entsprechende Referenzen der Zugehörigkeit gezeigt werden können. Dies betrifft insbesondere auch eine Kunst, die sich auf diskursive Hintergründe verlässt bzw. Diskurse als ihr Material aufführt. Wir leben in einer Zeit kultureller Mainstreams, die von Referenzen und Zeichencodes getragen werden: »Seit einigen Jahren lässt sich sowohl im Bereich Bildender Kunst als auch im Bereich zeitgenössischer, vornehmlich elektronischer Musik ein Spiel mit Referenzialität beobachten, das sich insofern von postmodernen Strategien der achtziger Jahre (zum Beispiel Zitat oder Appropriation) unterscheidet, als es sich nunmehr ganzer Diskurse (auch aus Literatur, Film u.s.w.) sowie ihrer geschichtlichen und soziokulturellen Zusammenhänge bedient. Die Überlappungen bieten zwar ihrerseits ein dankbares Assoziationsfeld für Journalisten, Kritiker und Kuratoren, doch werden die komplexen Fragestellungen, die sich innerhalb und über diese Diskurse hinweg ergeben, in diesen ›Grenzüberschreitungen‹ nicht mehr reflektiert. [...] Aufmerksam gemacht werden soll auf die Diskrepanz zwischen der künstlerischen Banalität dieser Ansätze und ihrer unreflektierten Wertschätzung seitens selbst ernannter Experten aus Journalismus und Kunstbetrieb« (Sander/Werner 2005, S. 67f.). Künstlerische

Arbeiten sind mehr und mehr zu Illustrationen von Kunstbegriffen geworden, die von einflussreichen Netzwerken lanciert werden. Es ist kein günstiger Umstand für die Entwicklung künstlerischen Denkens, dass das Kunstgeschehen immer mehr von außen gesteuert wird. Wir finden hier ein weiteres Indiz fürs *Geistessterben*.

Selbstbestimmte Unterhaltung

In der postmodernen Situation sind die Grenzen zwischen Hoch- und Unterhaltungskultur durchlässig geworden, und zwar gerade auch dadurch, dass es immer häufiger Kunst gibt, die die Betrachter zur Teilnahme auffordert. Unter welchen Umständen wird eine solche Kunst aber zur Unterhaltung? Nahezu jede Form von Kunst kann zur reinen Unterhaltung degenerieren, wenn sie sich in einen entsprechenden *Mainstream* einreiht. »Mainstream« soll hier im Sinne einer Hauptströmung verstanden werden, die Elemente eines Lifestyles beinhaltet, der Symbole und Formen hervorbringt und vermittelt. Es geht also nicht nur um die Rezeption eines Werkes, sondern auch um die Verwendung von Aspekten des Werkes in den Lebenspraxen der Kunstbetrachter.

Wie lässt sich diese Orientierung von Kunst in Richtung Unterhaltung und Event hinsichtlich ihrer historischen Entwicklung einschätzen? Wenn die Kunst in der Unterhaltungskultur aufgeht, besteht die Gefahr, dass sie eines wesentlichen Merkmals beraubt wird, das für ihre Ausdifferenzierung in den letzten Jahrhunderten entscheidend gewesen ist, nämlich ihre *Autonomie*. Die großen kunsttheoretischen Entwürfe des achtzehnten Jahrhunderts, allen voran Kants *Kritik der Urteilskraft*, formulierten ihre Ansätze angesichts einer zunehmenden Autonomisierung der Kunst, die in der Renaissance eingeleitet wurde, und in der die Kunst sich von religiösen und politischen Formvorgaben nach und nach gelöst hatte. Die Freiheit der Kunst war in diesem Sinne stets die Freiheit von fremden Einflüssen und Bestimmungen. Das *freie Spiel der Kräfte* und die *zweckfreie Hervorbringung* formaler Gestaltungen verwiesen auf die Eigendynamik der Kunst und die Freiheit der Künstlerpersönlichkeit.

Ende des neunzehnten Jahrhunderts formulierte das von Prosper Merimée, Edgar Allan Poe und Charles Baudelaire aufgeworfene Programm des *l'art pour l'art* die absolute Freiheit der Kunst von allen äußeren Einflüssen, hier finden sich die Wurzeln für die radikalästhetischen Positionen der Avantgarden des zwanzigsten Jahrhunderts. Heute befinden wir uns am Beginn des einundzwanzigsten Jahrhunderts in einer Situation, in der sich die Frage nach der Autonomie der Kunst erneut verändert hat. Im zwanzigsten Jahrhundert waren durch die unterschiedlichen Avantgardebewegungen wie Konstruktivismus, Futurismus, Dadaismus, Surrealismus etc. radikale Erweiterungen des Kunstbegriffs und damit auch der Vorstellung von der Rolle des Künstlers möglich geworden, die sich entweder als Künstler- oder als Werkautonomie formiert hatten. Diese Extensionen des Autonomiekonzepts stellen sich heute als historisch dar, ihr innovativer Gehalt ist weitgehend verblasst.

In der Postmoderne verflüssigten sich kulturelle Grenzen, die insbesondere die Unterscheidung von Hoch- und Unterhaltungskultur betreffen. Der amerikanische Literaturwissenschaftler Leslie A. Fiedler hatte mit seinem 1969 im *Playboy* publizierten Aufsatz *Cross the Border – Close the Gap* eine Diskussion mitausgelöst, die von der Kunst, Musik und Literatur dieser Zeit – der Popkultur – schon längst in künstlerischen Formen umgesetzt worden war. Fiedler plädiert für die Einbeziehung der Science Fiction, des Unterhaltungsfilms oder auch der Pornographie in das Feld der Kunst: »Die Vorstellung von einer Kunst für die ›Gebildeten‹ und einer Subkunst für die ›Ungebildeten‹ bezeugt den letzten Überrest einer ärgerlichen Unterscheidung innerhalb der industrialisierten Massengesellschaft, die nur einer Klassengesellschaft zustände. [...] Daß der Pop in die Zitadellen der Hohen Kunst eingedrungen ist, bringt dem Kritiker schließlich die erfreuliche neue Möglichkeit, darüber zu urteilen, ob ein Kunstwerk gut oder schlecht ist, ohne sich der Distinktion zwischen hoch und niedrig unterwerfen zu müssen, dem verschleierten Klassenvorurteil« (Fiedler 1984, S. 689). Die Postmoderne machte die Grenzen zwischen *High and Low* zumindest porös, sie handelte der Kunst allerdings auch das Problem ein, dass, wenn grundsätzlich alles zur Kunst erklärt werden kann, die Künstler- wie auch die Werkautonomie neu gefasst werden müssen. Nach Michael Lingner haben sich die drei großen Entwicklungsrichtungen der Kunst-Autonomie – 1. die Loslösung der Kunst von der gesellschaftlichen Bindung, 2. die Ausbildung einer individuellen Künstlerpersönlichkeit und 3. die moderne Zweckfreiheit des Werkes – überlebt, und wir befinden uns heute in einer Situation, in der es weder darum gehen kann, dem Künstler noch dem Werk weitere Autonomie zu verschaffen. Die Konsequenz ist, dass – im besten Falle – die zeitgenössische Form ästhetischer Autonomie darin bestehen könnte, Möglichkeiten von Selbst-Bestimmung für die an der Kunst Teilhabenden zu eröffnen (vgl. Lingner 1999, S. 25ff.). Wie dies unter den Bedingungen auch neuer Grenzziehungen im neoliberal gewendeten Kunstfeld aussehen könnte – diese Antwort kann nur die Kunst selbst geben, und sie wird eine entsprechende Fluchtlinie finden müssen.

Denn die Lage der Kunst hat sich weiter zugespitzt: Kunst wird heute nicht mehr nur im Sinne von auf Reflexion und Erkenntnis ausgerichtete ästhetische Praxen ausgeübt, sondern eine sich aufdrängende Dimension von Kunstpraxis ist ihr Part in der Unterhaltungskultur. Das *Entertainment* ist in die Kunst eingewandert. Der Kunst bleibt die Alternative einer klaren Distanz zur Unterhaltungskultur oder aber ihrer Angleichung ans Entertainment mit künstlerischen Mitteln. Die Folge hiervon sind Hipness-Effekte, wie man sie heute beispielsweise regelmäßig in den Galerien von Berlin-Mitte beobachten kann, wenn etwa für eine Vernissage, in der nahezu leere Räume gezeigt werden, hunderte von Menschen Schlange stehen. Es geht um die Teilhabe an einem Ereignis, das im Kunstfeld als besonderes *Wahrnehmungsangebot* aufgeführt wird. Der Betrachter ist dabei unter Umständen wichtiger als die Arbeit selbst. Der Ausstellungsort wird für eine kommunikative Situation genutzt, die für diejenigen, die sich mit solchen Fragen befassen, sinnvoll sind und gleichzeitig auch ihre Unterhaltungsbedürfnisse bedienen. In diesem Kontext geht das »Werk« im Event auf und wird Teil auch von Unterhaltungskultur. Dass die Kunst in einer kapitalistischen Gesellschaft auch die Aufgabe hat, Hipness und Coolness zu kodieren, die wiederum zur Bildung von ästhetischen Strömungen, Lifestyles und Designs beitragen, weist ihr eine der Rollen zu, die sie in der Unterhaltungskultur zu spielen hat (abgesehen von der Dekorierung von Privat- und Geschäftsräumen).

Von solchen Verschiebungen sind mittlerweile auch die politisch engagierten Kunstformen betroffen, die nicht außerhalb der Unterhaltungskultur stehen, sondern Unterhaltungsbedürfnisse eines Publikums befriedigen, für das *Aktivismus* und *Intervention* durchaus auch eine Entertainmentfunktion haben.

Zwei Positionen zum Verhältnis von Kunst und Unterhaltung

Die am Avantgarde-Paradigma orientierte Kulturkritik des zwanzigsten Jahrhunderts, allen voran die Adornos, beharrte auf der entscheidenden Differenz einer gehaltvollen ästhetischen Erfahrung gegenüber der kulturindustriell verzerrten Erlebniswelt ästhetischer Oberflächen. Die von Adorno vielfach kritisierte »Kulturindustrie« erzeugt letzten Endes mehrheitlich *Nutzer*, die im Zuge der Emissionen postmoderner Medienberieselungen kaum noch zwischen Hoch- und Unterhaltungskulturschema unterscheiden. Bei Adorno heißt es deshalb strikt: »Die Sphäre der Unterhaltung, längst in die Produktion eingeplant, ist die Herrschaft dieses Moments der Kunst über ihre Phänomene insgesamt. Beide Momente sind antagonistisch. Die Unterordnung autonomer Kunstwerke unter das gesellschaftliche Zweckmoment, das in jedem vergraben ist und aus dem in langwierigem Prozess die Kunst aufstand, verletzt sie an der empfindlichsten Stelle. [...] Die Stellung der Künstler in der Gesellschaft, soweit sie für die Massenrezeption in Betracht kommt, begibt nach dem Zeitalter der Autonomie tendenziell sich ins Heteronome zurück. Waren die Künstler vor der Französischen Revolution Bediente, so werden sie zu Entertainers« (Adorno 1973, S. 375f.). Diese nahezu visionären Sätze aus den späten sechziger Jahren haben sich unter den Bedingungen einer zunehmenden Angleichung der Kunst an die Kulturindustrie erfüllt. Für Adorno ist der *Wahrheitsgehalt* des Kunstwerkes eine entscheidende Kategorie, es ist allerdings eine Kategorie, die mit der Postmoderne selbst in die Kritik geraten ist, dementsprechend wurde auch der Begriff der Autonomie in den neunziger Jahren des zwanzigsten Jahrhunderts von einer neuen engagierten Künstlergeneration nahezu zu den Akten gelegt. In jüngster Zeit erlebt er interessanterweise eine Renaissance, die dem Umstand zu verdanken ist, dass einerseits die Frage nach der künstlerischen Qualität im Gegensatz zu den Fragen nach den Funktionen und Wirkungsweisen der Kunst wieder wichtiger geworden sind (vgl. Rauterberg 2007) und andererseits – angesichts der totalen Ökonomisierung des Kunstfeldes – die Suche nach den künstlerischen Freiheiten wieder verstärkt diskutiert wird. Diese Suche kann nicht an der Autonomiefrage vorbeigehen (vgl. Rebentisch 2003)

Auch der Soziologe Niklas Luhmann trennt zwischen der Kunst und der Unterhaltungskultur (allerdings aus anderen Gründen), indem er Unterscheidungen für die Definition des Begriffes »Unterhaltung« entwickelt, die auf Kunst nicht mehr anwendbar sind: »Sicherlich ist Unterhaltung auch eine Komponente der modernen Freizeitkultur, die mit der Funktion betraut ist, überflüssige Zeit zu vernichten« (Luhmann 1996, S. 96). Für Unterhaltung sei es typisch, dass eine »zweite Realität« geschaffen werde, »von der aus gesehen die übliche Weise der Lebensführung dann als die reale Realität erscheint« (a.a.O., S. 97). Unterhaltungsmedien bringen innerhalb eines bestimmten Settings – zum Beispiel von Fernsehserien oder Quizsendungen – Realitätsausschnitte hervor, die eine Welt freisetzen, in der eine eigene fiktionale Realität gelte. Der Zuschauer unterscheide dann diese fiktionale Realität mit der von ihm wahrgenommenen und kann damit Informationen verarbeiten, die nach Luhmann Unterschiede sind, die einen Unterschied machen. Die Differenz von fiktionaler und realer Realität wäre damit für die Unterhaltungskultur kennzeichnend, dagegen funktioniere sie in der Kunst jedoch längst nicht mehr: »Die Kunst des 20. Jahrhunderts lässt sich schließlich überhaupt nicht mehr als fiktional beschreiben, denn Fiktionalität setzt voraus, dass man wissen kann, wie die Welt aussehen müsste, damit die Fiktion als eine richtige Beschreibung der Welt gelten könnte. Genau diese Beschreibung wird jedoch in der modernen Kunst systematisch boykottiert – und, wie wir nochmals sagen können, den Massenmedien überlassen, die damit den Bedarf an Unterhaltung bestreiten« (a.a.O., S. 107f.).

Gegen beide Positionen kann manches eingewendet werden, so gegen Adorno, dass es auch in der als »kulturindustriell« charakterisierten Produktion von Kunst gehaltvolle Arbeiten gibt und geben kann und dass nicht alles, was in der Kulturindustrie produziert wird, per se ohne Niveau ist. Auch gegen Luhmanns Ausführungen kann Einspruch erhoben werden, denn die Kunst findet ja nicht außerhalb der Massenmedien statt oder von diesen strikt zu trennen. Die Verschränkung der Kunst mit den Medien, die längst stattgefunden hat, hebt Luhmanns Unterscheidung tendenziell auf.

Wirkungen des Mainstreams

Der jeweils vorherrschende Mainstream des Kunstsystems ist heute weder durch eine dominante Stilrichtung noch durch ein bestimmtes künstlerisches Programm definiert. Es gibt weder ein Zentrum von Werken noch ein solches von theoretischen Positionen. Der Mainstream der Kunst ist vielmehr ein Apparat, der aus unterschiedlichen Netzwerken besteht, die darauf bedacht sind, genauestens abzuwägen, was als Kunst »passt« oder was als unpassend aussortiert werden soll. Alles, was im Kunstfeld sichtbar wird, ist von diesem Kraftfeld abhängig. Alle autonomen Zonen der Kunstproduktion sind entweder im Mainstream aufgegangen, oder sie existieren in den Vorstellungen und Diskursen derer, die die heutige Gegenwartskunst verwalten, nicht als »avancierte« Kunst und werden dementsprechend abgewertet, zum Beispiel dem Kunstgewerbe zugerechnet. Objektive Kriterien für das Passende bzw. Unpassende gibt es jedoch nicht; die Sortierung hängt vielmehr von den jeweiligen Interessen und Neigungen ab. Eine unabhängige Kunstkritik existiert so gut wie nicht mehr, die Netzwerke können sich die von ihnen beförderten Positionen ziemlich ungehindert nobilitieren lassen. Der Kreislauf von Entdeckung, medialer Streuung und Markterfolg funktioniert in reinster Geschlossenheit. Der Kultur des *Fakes* sind Tür und Tor geöffnet. Man kann es als eine interne Logik der Kunstentwicklung betrachten, doch es ist gleichzeitig auch ein Problem für die Fortsetzung von Kunst, wenn weniger die tatsächliche Qualität als geschickte Lobby-Arbeit über die Sichtbarkeit künstlerischer Positionen entscheiden. Von Potemkinschen Dörfern sollten sich längerfristig jedenfalls nur die Vorbeieilenden täuschen lassen.

Alles kann heute zur Kunst werden, alle Materialien und alle Vorstellungen können in eine künstlerische Arbeit eingehen, entscheidend ist lediglich, dass eine Zuschreibung von legitimierten Profis vorgenommen wird. Doch die moderne und postmoderne Entgrenzung der Kunst ist stets doppelbödig gewesen. Die kaum mehr beschränkten Gestaltungs- und Darstellungsmöglichkeiten der Kunst seit dem 20. Jahrhundert führten auch zu neuen Einengungen, die vor allem auf der institutionellen Seite deutlich werden. Merkwürdige Verkehrungen der ästhetischen Autonomie haben sich ereignet: Sie ist zum Teil schon von den Künstlern und Werken auf die

Verwalter des Kunstsystems übergegangen, die diese angeeignete Autonomie – eine Folge der totalen Ökonomisierung des Kunstsystems – dazu nutzen, Wertschöpfung in eigener Sache vorzunehmen. Dabei werden sie von denen unterstützt, die bislang eher skeptisch auf die Freiheitsgrade der Kunst geblickt haben: die Vertreter der Expertenkulturen, die stets einsatzbereiten Diskurs-Produzenten. Die Agenten des Kunstsystems können dabei heute so autokratisch regieren, wie es ansonsten nur Angehörige mafiaähnlicher Clans vermögen. Darüber hinaus können sie sich als »avantgardistisch« wähnen, weil nur sie bestimmen, was im Kunstsystem überhaupt als avancierte Kunst angesehen werden kann.

Hier hat das kunstsoziologische Denken Niklas Luhmanns einen Effekt gezeitigt, den es vermutlich nicht intendiert hatte. Der Soziologe hat in den neunziger Jahren das inzwischen weit verbreitete Credo geprägt, dass die Bestimmung dessen, was Kunst ist, einzig dem Kunstsystem zu überlassen sei. – Ein folgenreiches Dogma, denn damit entscheiden nur die als »zugehörig« Definierten darüber, was Kunst ist bzw. sein könnte, womit eine völlige Abhängigkeit von den sogenannten »Profis« entstanden ist. Häufig kommen diese Akteure jedoch gar nicht aus der Kunst, sondern aus Wissenschaften, die sich mit ihr als Objekt beschäftigen: der Politik, der Soziologie, der Ökonomie oder aus den Massenmedien.

All das war und ist der Kunst und den Künsten in der jüngsten Vergangenheit abträglich gewesen. Ihre enge Anbindung an die »Diskurse« und die sich aus ihnen abzuleitenden Gestaltungen haben die Kunst geschwächt. Die Kunst gelangte nicht in neue Dimensionen der Freiheit, vielmehr haben sich altbekannte Konflikte des 20. Jahrhunderts – wie zum Beispiel der zwischen einer »engagierten«, politisch eingreifenden Kunst und einer, die die im Sinne des »l'art pour l'art« auf der Freiheit der Kunst von allen außerkünstlerischen Zwecken beharrt – in neuem Gewand wiederholt. Im Zuge dieser Entwicklung ist auch eine neue nachahmende Kunst entstanden, die sich willfährig in die Unterhaltungskultur eingefügt hat. Richtete sich die Moderne mit der vollen Kraft ihrer Avantgarden gegen die Nachahmung der Natur in der Kunst, so ist in der heutigen Kunst nahezu ein Mimesis-Gebot auszumachen. Was in unserer Zeit nachgeahmt wird, sind aber weder die Natur noch die Tradition, sondern es sind Begriffe und Theorien. Was in den achtziger und neunziger Jahren als konsequente Fortsetzung konzeptueller Kunst deren Verschränkung mit wissenschaftlichen Begriffen und Arbeitsweisen herausgearbeitet hatte, erscheint gegenwärtig als bittere Ironie der Kunstgeschichte.

Kuratoren als Showmasters

Von vielen Ausstellungen heute bleibt eher der Name des Kurators haften als der der Künstler. Das verbreitete Profil »Kurator X präsentiert 30 junge KünstlerInnen« sorgt ebenso dafür wie die bessere Geländegängigkeit der Kuratoren in den Netzwerken des Kunstsystems. Problematisch wird es, wenn Kuratoren sich – wie in den letzten Jahren geschehen – mit einer frivolen Rest-Aura umgeben, die sie den Künstlern schlichtweg geraubt haben. Die Künstler, in den neunziger Jahren auf den dekonstruktiven »Tod des Autors« nahezu verpflichtet, mussten das ohne Widerstand hinnehmen. Für sie bedeutet die Aufwertung der Rolle des Kurators neben einer Einschränkung ihrer Autonomie auch eine weitere Ebene der Selbstausbeutung, denn nun können sich diejenigen mit Aspekten künstlerischer Kreativität schmücken, die vorher deutlich gemacht haben, dass es dem »progressiven« Künstler nicht mehr ansteht, Autorschaft einzuklagen. Umso hemmungsloser kann die Autorschaft dann von den Kuratoren ausgefüllt werden, die die eigentlichen Showmaster der Kunstwelt sind. Mit dieser Tendenz ging eine Beschleunigung von Kunst-Trends einher, die zu immer kürzeren Verwertungszyklen führte, ein Anzeichen für den Übergang der Kunst zur Unterhaltungskultur. Auch die Haltung der Rezipienten ist da aufschlussreich, denn laut einer Studie der Autorinnen Commandeur und Dennert (2004) beträgt die durchschnittliche Verweildauer von Museumsbesuchern vor einem Kunstwerk nur selten mehr als eine Minute, zuweilen sind es nur Sekunden. Ausstellungen werden in der heutigen Zeit eben auch *gezappt.*

Die Kunst wandelt heute auf einem schmalen Grat zwischen Anspruch und Wirklichkeit in einer säkularisierten Welt, in der die Macht der Ökonomie und der rechnenden Subjekte sie mehr und mehr in die (vielleicht sogar »avancierte«) Unterhaltung drängt. Sie kann sich aus innerer Distanz hierzu aber keinesfalls auf die Importe aus den Wissenschaften für die Entwicklung ihrer Gestaltungen verlassen, denn die Krise, die sie zu meistern hat, ist eine Krise des Schöpferischen, die sie in ihrem Kern betrifft.

ExKurs:
Über den Unterschied von »kreativ« und »schöpferisch«

Der Begriff des Schöpferischen hat in unserer Zeit einen antiquierten Klang angenommen, mit der Verwendung des Wortes begibt man sich in die Nähe des *Autors*, des *Authentischen* und der *Aura*. All diese mit großem »A« beginnenden Begriffe sind im zwanzigsten Jahrhundert stark unter Druck geraten: Dem Verlust der Aura folgte der Tod des Autors und schließlich die Unmöglichkeit des Authentischen. Statt schöpferisch zu sein, ist man heute kreativ, innovativ oder konstruktiv. Die Sprache der Systeme und Systematiker merzt jede auch nur entfernt metaphysisch wirkende Schwingung aus und begründet ihre Kompatibilität mit der verlustfreien Übersetzbarkeit ins Englische. Dort heißt *schöpferisch*, aus dem Lateinischen abgeleitet, bekanntlich *creative*. Es kommt einem die Kritik Martin Heideggers in den Sinn, der in verschiedenen Texten nicht müde wurde darzulegen, dass durch die lateinischen Übertragungen griechischer Wörter ein Verlust begann, der schließlich im technokratischen Denken mündete: »Das römische Denken übernimmt die griechischen Wörter ohne die entsprechende gleichursprüngliche Erfahrung dessen, was sie sagen, ohne das griechische Wort. Die Bodenlosigkeit des abendländischen Denkens beginnt mit diesem Übersetzen« (Heidegger 1977, S. 8).

In heutiger Zeit, in der wir von den durchdringenden Mächten des *Benchmarkings* und den aufdringlichen Fragekatalogen des *Controllings* regiert werden, haben sich sprachliche Instrumentalisierungen flächendeckend, nahezu planetarisch durchgesetzt. Ein Lieblingswort der standardmäßig ausgebildeten Berater heißt: *Kreativität*. Alle sollen möglichst jung, dynamisch und kreativ sein, nicht nur die Manager und ihre Mitarbeiter, sondern möglichst die ganze Gesellschaft. Die Ideologie der Kreativität führt weitreichende Flurbereinigungen mit sich, denn sie ist wesentlich noch von einem anderen Begriff gespeist, dem der *Produktivität*. Der Mensch im Neoliberalismus wird als *Humankapital* und totale Produktionseinheit verstanden, die dann am meisten abwirft, wenn sie kreativ tätig ist.

Die Annahme, dass mit dem Begriff der Kreativität andere Bedeutungen verbunden sind als mit dem des Schöpferischen, findet einige Argumente: *Kreativität* bezieht sich auf andere Kontexte als die, die mit dem Begriff des *Schöpferischen* in Verbindung stehen. Kreativ sein kann die Managerin, die eine neue »Firmenphilosophie« entwirft, ebenso wie der Florist, der ein schmückendes Blumengesteck bindet, aber sind die beiden in den skizzierten Fällen auch schöpferisch? Das greift zumindest etwas hoch, denn bei Handlungen, die einen reinen Zweckzusammenhang verfolgen, verwenden wir diesen Begriff in der Regel nicht.

Das Schöpferische steht für uns in einem anderen Zusammenhang, der einerseits deutlich mit religiösen, andererseits mit künstlerischen Aspekten zu tun hat. Hier zeigt sich eine lang währende Tradition dieses eng mit biblischen Motiven verbundenen Begriffes, der im Zuge der Entwicklung eines autonomen Künstlertums auch für künstlerische Werke Verwendung fand. Wörter mit dem Stamm »Schöpfer« bzw. »Schöpfung« werden bis heute in einem positiven Sinn verwendet, eine Ausnahme bildet die »Erschöpfung«. Ergebnisse des Schöpferischen sind das Neue, Frische, Unverbrauchte, das neue Perspektiven beinhaltet und unsere Aufmerksamkeit erregt.

Das griechische Wort für Schöpfung »Genesis«, das auch in den lateinischen Bibelübersetzungen verwendet wird, beinhaltet eine Vielzahl von Bedeutungen, nämlich der *Ursprung*, die *Entstehung*, das *Werden*, das *Geschlecht*, die *Produkte der Kunst*, das *Geschaffene* und auch die *Geschlechtsteile*. All diese Bedeutungen schwingen mit, wenn wir vom Schöpferischen sprechen, und die entscheidenden Momente unserer Existenz finden in den Ausdehnungen dieses einzigartigen Begriffs statt.

Der biblische Text des Buches *Genesis I* trägt die Überschrift *Die Erschaffung der Welt*. Diese wird durch das göttliche Wort nach und nach mit Elementen, Pflanzen und Lebewesen bevölkert. Der Schöpfungsakt findet auf einer imaginären Bühne statt: »Gott sah alles an, was er gemacht hatte. Es war sehr gut.« Eine gewaltige Entwicklungsabfolge wird auf knapp zwei Bibelseiten erzählt, in einer Dichte, die dem Leser die Schöpfungsgeschichte im Zeitraffer vor Augen führt. Am Ende von *Genesis II* heißt es lapidar: »Das ist die Entstehungsgeschichte von Himmel und Erde, als sie erschaffen wurden.« Im ersten Band der *Enneaden* wird um 255 nach Christi die *Betrachtung* von dem griechischen Philosophen Plotin aufs engste mit dem Schöpferischen verschränkt: »Die schöpferische Thätigkeit demnach hat sich uns als ein Schauen erwiesen; sie ist nämlich das Resultat des Schauens, eines in sich verharrenden Schauens, das nichts anderes gethan, sondern dadurch, dass es Schauen ist, geschaffen hat« (Plotin 1878/80, S. 472).

Schöpfungsmythen

Ausgehend von diesen kulturgeschichtlichen Hintergründen ist es kaum vorstellbar, dass in unserem Kulturkreis der Begriff des Schöpferischen demnächst durch den des Kreativen ersetzt werden könnte; sollte es dennoch geschehen, wäre damit ein Verlust verbunden, der einerseits die Überlieferung eines Bausteins der abendländischen Tradition beträfe, andererseits aber auch das Verschwinden einer literarischen Gattung bedeutete, sprich der Schöpfungsmythen. In den meisten Kulturen der so differenten menschlichen Zivilisationen stehen am Beginn Erzählungen über die Erschaffung der Welt. Im ägyptischen Schöpfungsmysterienspiel von Memphis steht am Anfang das Wort, und der Schöpfergott Ptah spricht die Dinge und Wesen in ihre Existenz; in den Mythen afrikanischer Pygmäen wird die Menschheit aus verschiedenfarbiger Erde geformt, unter Beigabe göttlichen Speichels; bei den australischen Aborigines wird die Welt in ihre Existenz gesungen. Die *Songlines* – wie es in dem gleichnamigen Buch Bruce Chatwins aus 1987 beschrieben wird – sind die in der Landschaft eingeschriebenen Traumpfade einer Kultur, die ihr Gedächtnis und ihre Mythen in Liedern und Bildern überliefert. Auch in keltischen Mythen wird der Schöpfungsakt mit dem Gesang verbunden, und in der Mayakultur wird die Erde durch den Ruf nach ihr geschaffen – man könnte die Auflistung lange fortsetzen.

Claude Lévi-Strauss hat in seinen Forschungen immer wieder die strukturellen Ähnlichkeiten von Mythen herausgearbeitet: »[…] wenn der Inhalt des Mythos ganz zufällig ist, wie lässt sich dann verstehen, dass die Mythen von einem Ende der Welt zum anderen einander so sehr ähneln?« (Lévi-Strauss 1971, S. 228). Gerade die Schöpfungsmythen sind von Ähnlichkeiten gekennzeichnet, immer wieder taucht das Motiv des Beginns der Welt durch den sprachlichen Akt und der Erschaffung des Menschen durch Gottes Hand auf, Materialien oder unterschiedliche Sprech- oder Lautakte variieren dabei. Der Widerspruch zwischen den einzelnen Inhalten der jeweiligen Mythen bei gleichzeitiger struktureller Ähnlichkeit legt den Schluss nahe, dass die Vorstellung des Schöpfungsaktes eng an sprachliche und gestalterische Akte geknüpft ist. Indem der Mensch schöpferische Handlungen vollziehen kann, ist er auch in der Lage, sich vorzustellen, dass höhere Wesen hierzu noch in ganz anderer Weise befähigt sein könnten.

Im mittelalterlichen Denken ist in diesem Zusammenhang zwischen der Natur und Gott unterschieden worden, beispielsweise im Werk von Hildegard von Bingen: »Durch die Schöpfungsordnung kommt zum Ausdruck, dass etwas ist und nicht nichts ist, dass es neben Gott kein zweites Prinzip gibt und alles Geschaffene verdanktes Dasein ist, das durch keine innerweltliche Kraft grundsätzlich vernichtet werden könnte. Als geschaffenes Dasein ist Natur nicht Gott, sondern von Gott unterschieden. Der Naturbegriff sagt nicht ›daß‹, sondern ›wie‹ etwas ist. Als ›zweite Schöpfung‹ bedeutet die Inkarnation das Eingehen Gottes in dieses Dasein des Geschaffenen; sie ist Bedingung der Möglichkeit eines in der Natur sich anzeigenden Gottes« (Leutenschläger, 1993, S. 109). Die schaffende Natur (*natura naturans*) und die geschaffene Natur (*natura naturata*) erscheinen als verwirklichter göttlicher Plan, den der Mensch zumindest in manchen Aspekten erkennen und auslegen kann. Die Vorstellung vom Schöpferischen, die stets von Spekulationen über den Beginn, den Akt und die Ursache der Schöpfung begleitet wird, ist an die religiöse Dimension gebunden. Sie lässt sich allein deshalb nicht auf messbare »kreative Prozesse« reduzieren.

Anfänge der Kunst

Gilles Deleuze und Félix Guattari siedeln die Anfänge der Kunst beim Tier an. Sie beschreiben einen bestimmten Vogel, dessen Verhalten diesen Schluss nahelegt: »Der *Scenopoeïetes dentirostris*, ein Vogel aus den Regenwäldern Australiens, lässt die Blätter, die er jeden Morgen vom Baum abtrennt, zu Boden fallen, dreht sie so um, dass ihre hellere Innenseite mit dem Boden kontrastiert, konstruiert sich auf diese Weise eine Szene wie ein Ready-made und lässt dann genau darüber, auf einer Liane oder einem Ast sitzend, seinen Gesang erschallen, einen komplexen Gesang aus eigenen Tönen und denen anderer Vögel, die er in den Intervallen nachahmt, während er zugleich die gelbe Wurzel von Federn unter seinem Schnabel freilegt: ein vollkommener Künstler«

(Deleuze/Guattari 1996, S. 218f.). Der schöpferische Anfangsimpuls der Kunst wird hier bei einer Vogelart verortet, die dieser Beschreibung nach Elemente einer künstlerischen Performance vollzieht. Das Schöpferische ist in der Natur überall vorhanden, in jedem Detail ihrer Gestalten, und es beinhaltet auch im weitesten Sinne geistige Momente. Der ambivalente Weg des Menschen ist es, auf technischem Wege *zweite* und *dritte Naturen* zu konstruieren, die in der Regel durch Verbrauch und Beeinträchtigung der ersten in die Welt kommen und die gegebene Natur damit häufig verfehlen, indem ihre unfassbare Komplexität missachtet wird.

Dabei sollte unbedingt unterschieden werden zwischen der natürlichen Schöpfung und der Kunst. In den vergangenen Jahrzehnten ist im Zuge kulturwissenschaftlicher Überlegungen formuliert worden, dass auch die Natur eine pure Konstruktion des menschlichen Geistes sei und dass sie auch aufgrund der enormen Eingriffe des Menschen kaum noch in unberührter Form vorhanden sei. Doch würde man sich für einen Moment die Menschheit als ausgestorben und komplett von der Erde verschwunden vorstellen, wäre die Wahrscheinlichkeit trotzdem sehr groß, dass die »Natur« weiterhin bestehen und sich fortentwickeln würde, wohin auch immer. Mit dem Verschwinden des Menschen wäre alle Kultur jedoch sofort erloschen. Dass der Mensch stets ein bereits kulturelles Verhältnis zur Natur hat, soll hier keineswegs in Abrede gestellt werden. Vielmehr könnte seine Abspaltung von und seine Überformung der Natur auch als ein Aspekt des *Geistessterbens* angesehen werden.

Anlehnungen von Kunst an die Natur

In der Kunst gibt es seit langer Zeit Versuche, Natur und Kultur miteinander zu verschränken. Auch die Gegenwartskunst zeigt hierfür zahlreiche Positionen, von den kleinformatigen Gemälden Karin Kneffels bis zu den mit reichlich technischem Aufwand bewerkstelligten experimentellen Vorrichtungen Olafur Eliassons. Doch ich möchte hier etwas weiter zurückgehen: Die *Land Art* unternahm es im letzten Drittel des zwanzigsten Jahrhunderts, die Kunst mit der Natur in imposanter Weise in Beziehung zu setzen. Künstler wie Robert Smithson, Walter de Maria oder Christo gelangten dabei durch zum Teil monumentale Projekte zu neuen ästhetischen Formbildungen. Deutlich wird gerade bei den genannten Künstlern, dass sie ein Hang zum Monumentalen verbindet. Smithson gestaltet mit seiner Geröllspirale »Spiral Jetty« (1970), einem der bekanntesten Werke der siebziger Jahre, ein ausgedehntes Stück Landschaft in einem Salzsee in Utah, Christo verpackt Ende der sechziger Jahre einen australischen Küstenabschnitt, Walter de Maria malt Kreise mit enormen Durchmessern und halbkilometerlange Linien in die Wüste, versenkt Jahre später auf der Kasseler *documenta 6* einen vertikalen Erdkilometer, und Joseph Beuys verwirklicht im Rahmen der *documenta 7* seine *Soziale Plastik* »7000 Eichen – 1982–1987«. Diese eindrucksvollen Arbeiten haben gemeinsam, dass sie mit einer *Übersteigerung* des Schöpferischen arbeiten: Mit der unermesslichen Weite einer als Einschreibungsfläche dienenden Wüste, der nicht einsehbaren Tiefe des versenkten Erdkilometers, der in gewaltiger Strecke verpackten Küste oder der unüberschaubaren Menge gepflanzter Eichen. Bei Smithson zeigen sich Kunst und Natur in ihren Potenzialen, in ihrem gemeinsamen Werden, die riesige Geröllspirale *bleibt* nicht, wie der Künstler sie hingestellt hat, sie verändert sich mit den Wetterbedingungen und den Eigenschaften des sie beherbergenden Salzsees; de Maria thematisiert ein Verschwinden im Erdinneren, ein Aufgehen des Artefakts in der Natur; bei Christo wird das natürliche Erhabene vom Künstlichen verdeckt, es umhüllt es und ruft es doch dadurch auf; und Joseph Beuys thematisiert mit seiner *Sozialen Plastik* außerästhetische Kontexte im Sinne einer alternativen Gestaltung von Gesellschaft. In all diesen Ausprägungen lehnt sich eine jeweils schöpferische künstlerische Idee an die Natur an oder bezieht ihren wesentlichen Impuls aus dem natürlichen Werden und Vergehen. So wie der metallene Erdkilometer Walter de Marias in enorme Erdtiefen eindringt, hat auch die bemerkenswerte Baumpflanzaktion Beuys' etwas Überdimensionales. Beuys' Eingriff in die Gestalt von Kassel ist in eine Stadt eingepflanzt, die durch den Zweiten Weltkrieg in ihrem Kern zerstört und durch stumpfsinnige Straßenplanungen der sechziger und siebziger Jahre bis heute total zerrissen ist. Joseph Beuys hat seine Aktion – die höchst umstritten und auch bekämpft gewesen ist – als »Stadtverwaldung statt Stadtverwaltung« bezeichnet. Sie hat sich im Kasseler Stadtbild als organische Skulptur verwirklicht. Das Schöpferische der künstlerischen Idee ist mit schöpferischen natürlichen Prozessen in Einklang gekommen. Um ein Argument vom Anfang dieses Textes wieder aufzugreifen: Die *7000 Eichen* als »kreativ« zu bezeichnen, wäre sicherlich eine schlimme Verzerrung hinsichtlich dieser – bis in unsere Gegenwart hinein wirkenden – einmaligen künstlerischen Leistung.

Die bleibende Aufgabe der Kunst

Kunst und Kultur haben sich über einen großen Zeitraum hinweg entwickelt, und ihre Hervorbringungen sind keineswegs von flüchtiger Wirklichkeit. In unserer Zeit bewegt sich die Kunst jedoch immer mehr in Richtung ihrer Aufhebung in der Unterhaltungsindustrie und Repräsentationskultur. Ihre Ökonomisierung ist weit vorangeschritten, und da sie zum zeitgenössischen Lifestyle untrennbar gehört, ist sie besonders anfällig dafür, in den Dienst ihr fremder Mächte genommen zu werden, zur Erzeugerin von Aufmerksamkeit für andere als künstlerische Zwecke zu dienen.

Die Potenziale der Kunst im Hinblick auf eine noch nicht bestimmbare Differenz sind insbesondere dann gefordert, wenn der dominante Kunstmarkt alles Nicht-Identische als vermarktungsfähige Innovation rasch absorbieren und umwerten kann: »Die Zukunft des Kunstsystems lässt sich deshalb leicht voraussagen: Es liegt in seiner Fusion mit dem System der größten Vermögen. Es verspricht diesem eine glanzvolle exhibitionistische Zukunft und sich selbst den Übergang in die Dimension des Fürstlichen« (Sloterdijk 2009, S. 689). Auch wenn diese Gefahr allmächtig erscheint und auch wenn das Kunstpublikum sich liebend gern ein X für ein U vormachen lässt: Es bleibt die für das *Geistesleben* entscheidende Aufgabe der Kunst, Momente hervorzubringen, die stark genug sein können, jede Systemlogik zu überwinden. Erst wenn dies nicht mehr möglich sein sollte, wäre von der Kunst aus der *Geistestod* erreicht.

In einem der meist gelesenen künstlertheoretischen Bücher des zwanzigsten Jahrhunderts, *Über das Geistige in der Kunst* von Wassily Kandinsky, ist bereits um 1910 zu lesen: »Solche Perioden, in welchen die Kunst keinen hochstehenden Vertreter hat, in welchen das verklärte Brot ausbleibt, sind *Perioden des Niedergangs* in der geistigen Welt. Unaufhörlich fallen Seelen aus höheren Abteilungen in tiefere, und das ganze Dreieck scheint unbeweglich zu stehen. Es scheint sich ab- und rückwärts zu bewegen. Die Menschen legen zu diesen stummen und blinden Zeiten einen besonderen ausschließlichen Wert auf äußerliche Erfolge, sie kümmern sich nur um materielle Güter und begrüßen einen technischen Fortschritt, welcher nur dem Leibe dient und dienen kann, als eine große Tat. Die rein geistigen Kräfte werden im besten Falle unterschätzt, sonst überhaupt nicht bemerkt« (Kandinsky 1952, S. 31).

Ausblick

Die in diesem Text behandelten Tendenzen können unzweifelhaft in allen anderen Bereichen unserer Gesellschaft diagnostiziert werden. Wir erleben derzeit beispielsweise in der Politik eine Erosion größeren Ausmaßes, deren »geistiger Gehalt« fraglos als äußerst prekär zu erachten ist. Dass die Krise, in der wir uns bewegen, nicht von vorübergehendem Charakter ist, dürfte mittlerweile auch den beharrlichsten Schönrednern aufgefallen sein. Doch nur, wenn wir uns der Tatsache des *Geistessterbens* stellen, haben wir überhaupt eine Chance, ihm etwas Lebendiges entgegenzusetzen.

Die hier diskutierten vier Bereiche, in denen sich ein Geistessterben feststellen lässt, werden eine ausschlaggebende Rolle bei unserer weiteren kulturellen Entwicklung spielen. Zukunftsentscheidend werden die folgenden vier Fragen sein:

1. Wird die Wirtschaft weiterhin ihren aggressiven Kurs einer totalitären Dominanz über alle anderen gesellschaftlichen Bereiche fortsetzen, oder kann ihr Einhalt geboten werden?

2. Wird die digitale Technik weiterhin unser Denken umformen, oder sind wir in der Lage, sie so einzusetzen, dass sie uns dient, statt uns zu versklaven?

3. Ist der technokratische Kurs unseres Bildungswesens, der nach und nach alle Freiheiten aus dem System tilgt, in eine andere Richtung zu lenken, die die Entwicklung frei denkender und handelnder Menschen ins Zentrum seiner Anstrengungen rückt?

4. Kann sich die Kunst im Sinne ihrer einzigartigen gestalterischen Potenziale entwickeln, oder wird sie sich als Unterhaltungsangebot in die Programmindustrien einreihen?

Jede dieser vier Fragen wird nur mit einiger Skepsis beantwortet werden können, und es sind noch weitaus mehr Fragen offen, die unser zukünftiges Geschick mitbeeinflussen werden. Denken Sie nur an die Ökologie, das Gesundheitswesen oder die Rechtspflege. Überall wird die allgemeine ethische Krise deutlich, und es ist höchste Zeit, sie zu bewältigen.

Wo ist der Spielraum für Überlegungen zur Überwindung der Krise? Wir müssen ihn herstellen oder auch zurückgewinnen: »Die Krise unserer Ethik hat nur nachgeordnet etwas mit Medizin, Gentechnik oder Computergefahren zu tun; sie ist primär die Krise eines Orientierungsmaßstabes, der sich im ökonomistischen Materialismus selbst totläuft. Wirklich gute Ausbildungsgänge vermitteln Überblick, Urteilskraft, Zusammenhangwissen. Das Gegenteil ist Merkmal einer schlechten Bildungspolitik. Eine lange verdrängte Bildungs- und Wissenskrise sowie die ethische Krise sind die wahren Ursachen der Finanz- und Wirtschaftskrise – so, wie auch die Klima- und Umweltkrise dort wurzeln. […] ›Die Krise‹ ist mithin komplex verschachtelt und berührt viele verschiedenen Ebenen. Im Kern aber hat sie einen einfachen Namen: Sie ist eine ernsthafte kulturelle Krise« (Finke 2010, S. 39).

Während dieses Buch entsteht, wird eine bisher noch nicht gekannte Politikverdrossenheit unserer politischen Elite deutlich, reihenweise treten prominente Repräsentanten von der Bühne ab, und der staunende Beobachter fragt sich, ob sie es möglicherweise selbst nicht mehr aushalten konnten, was sie gemeinsam mit ihren zahlreichen Beratern, Sekretären und Referenten an politischen Entscheidungen vollzogen haben. Sie flüchten ins Privatleben, um dort noch das bisschen Glück zu finden, das ihnen im Amt nicht mehr vergönnt zu sein scheint. Zu viel Pragmatismus, zu viel Multimedia, zu viele Maskeraden und Standortdebatten – all das wirkt durch sein massives Auftreten in den zurückliegenden Jahren verständlicherweise erstickend, und das nicht nur für den armen Schlucker aus Gosse drei.

Der Verlust geistigen Lebens ist nichts anderes als der Verlust einer wesentlichen Dimension unserer Existenz. Diesen Verlust spüren alle. Doch Politik und Wirtschaft haben es gemeinsam vorgemacht, und die Kultur hat nachgezogen: Wir leben längst in einer Epoche der Orientierung am Mittelmaß, in der jede Entscheidung von Tragweite sich am Horizont der jeweilig bestimmenden, medial hergestellten Mehrheit ausrichtet. Mehrheitsfähig zu sein, ist gleichbedeutend damit, Erfolg zu haben, gleichgültig ob die Mehrheit eine Autobahn im Naturschutzgebiet befürwortet, sich für die Erweiterung der Sendeplätze privater Fernsehkanäle einsetzt oder zusätzliche Sendemasten für den Mobilfunk haben will (in Deutschland gibt es zurzeit ca. 260 000, weitere sind in Planung). Die Mehrheitskultur regiert, und Politiker fürchten nichts so sehr, wie als Vertreter eines Minderheitenvotums zu gelten. Doch es ist fatal, die demokratische Verfassung und Verfasstheit nur unter quantitativen und nicht auch unter qualitativen Aspekten zu betrachten. Demokratie bedeutet im emphatischen Sinne vor allem auch Schutz der Minderheiten und ihrer Positionen, sie beweist ihre Qualität gerade dadurch, ob sie es vermag, mit nicht mehrheitsfähigen oder randständigen Haltungen und Lebensweisen umzugehen.

Die Ausrichtung an der Masse beinhaltet einige Fallen. In der Kultur ist sie erkennbar an der Herrschaft der Netzwerke und Seilschaften, die ihre Claims abstecken und sich dauerhaft von gewählten Gremien in den Institutionen legitimieren lassen. Gleichzeitig instrumentalisieren die Massenmedien demokratische Prinzipien im Sog der Quote für ökonomische Zwecke, und die unumstößliche Dauerherrschaft des durch Mehrheiten gesicherten Mittelmaßes setzt sich fettleibig fort. Schwierig, unter diesen Bedingungen Partei für etwas zu ergreifen, das zunächst weder nützlich noch gewinnbringend ist, das *Geistesleben*. Und dann nimmt das *Geistessterben* seinen nahezu ungehinderten Lauf. Karl Jaspers hat in »Die geistige Situation der Zeit (1931)« folgende Mahnung ausgesprochen, die hier in Erinnerung gebracht werden soll, weil sie zeigt, wie der Prozess des Geistessterbens schon früh im zwanzigsten Jahrhundert wahrgenommen werden konnte: »In unserem Zeitalter der Massenordnung, Technik, Ökonomik ist, wenn diese Unausweichlichkeiten verabsolutiert werden, mit dem Menschen der Geist in der Gefahr, in seinem Grunde zerstört zu werden: Wie der Staat als Bundesgenosse des Menschen erlahmen kann, so auch der Geist, wenn er nicht mehr aus eigenem Ursprung ein wahrhaftiges, sondern im Dienst der Massen in endlicher Zweckhaftigkeit ein für diese verfälschtes Leben lebt« (Jaspers 1971, S. 105f.).

Wir geraten heute, im Zeitalter der Globalisierung, immer weiter in eine technokratisch verwaltete Welt, die ohne Unterlass Verfahren entwickelt, um die Massen zu steuern. Von der Gentechnik, der Neurowissenschaft oder der Psychobionik sind in den nächsten Jahrzehnten Forschungsergebnisse zu erwarten, die direkt in Regierungsmaßnahmen münden werden. Gleichzeitig zeichnet sich durch die Möglichkeiten der digitalen Datensammlung und Datenverwertung der Weg in die *Kontrollgesellschaft* immer klarer ab. Schon jetzt spielen einige Unternehmen hierbei eine unrühmliche Rolle: »Manche Konzerne sind in letzter Zeit wie Geheimdienste vorgegangen. Ob bei der Telekom oder der Deutschen Bahn – Mitarbeiter wurden abgehört, ihre E-Mails gelesen, ihr Surfverhalten dokumentiert. Als die ersten Skandale bekannt wurden, trugen die Verantwortlichen eine verwunderte Miene und ein gutes Gewissen zur Schau. Offenbar war man überzeugt, die Mitarbeiter samt Daten gehörten in neofeudalistischer Manier dem Konzern, und es sei völlig normal, sie bei Bedarf zu überprüfen« (Trojanow / Zeh 2009, S. 128). Dieses Beispiel zeigt, wie sehr es heute darum geht, Spielräume zu erhalten und zivilisatorische Errungenschaften zu verteidigen. Wir sind in jedem Lebensbereich bedroht, in vormoderne Verhältnisse zurückzufallen. Die Arroganz der kontrollierenden Macht ist aber mit der Ignoranz der Mächtigen gegenüber der Gesellschaft gepaart.

In unseren Bildungseinrichtungen, die eigentlich Orte der Hervorbringung und Vermittlung unterschiedlichster Wissenskulturen sein sollten, vollzieht sich unter dem Druck des derzeitigen Radikalumbaus eine Katastrophe auf Raten. Die auf »Exzellenz« geeichten Institutionen werden durch das feingliedrige Controlling ununterbrochener Evaluationen in eine Kultur des Misstrauens und der Verzagtheit überführt, die die eigenen Überlieferungen missachtet und untergräbt. In einem Land, das im vorigen Jahrhundert zwei Diktaturen hervorgebracht hatte, gibt es anscheinend immer noch gewaltigen Kontrollbedarf.

Die Verzweckung des Menschen und die Unterordnung unter das Systemdenken hat mittlerweile alle Bildungsinstitutionen erfasst und die Subjekte kontaminiert. Wie sollen dort menschliche Größe, Courage, unkonventionelles Denken und solidarisches Handeln nicht nur als Prüfungsstoff doziert, sondern auch gelebt werden? Adornos Skepsis ist hier allzu gerechtfertigt: »Denn dem Begriff der Wissenschaft, der sich unaufhaltsam ausbreitete, seitdem sie und die Philosophie, aus beider Schuld und zu beider Schaden, auseinanderbrachen, ist die Entgeistung immanent. Bewusstlos schaltet akademische Bildung auch dort, wo sie es thematisch mit Geistigem zu tun hat, einer Wissenschaft sich gleich, deren Maß das Vorfindliche, Tatsächliche und seine Aufbereitung ist – jene Faktizität, bei der nicht sich zu bescheiden das Lebenselement des Geistes wäre« (Adorno 1977, S. 497f.). Solche Ausführungen zu zitieren, mag anachronistisch sein im Zeitalter der Exzellenzinitiativen, Standortfaktoren und Entsorgungsparks. Doch ein geglücktes Leben wird weder auf der Seite der Systemvollzüge zu finden sein noch auf der Seite der pragmatischen Sachzwänge.

Doch was ist zu tun, wenn sich der Prozess des Geistessterbens in vollem Gang befindet, von vielen

Mitmenschen sogar gewollt ist oder aber überhaupt nicht bemerkt wird? Dann bleibt immer noch die kleine mögliche Provokation, den Teufel und einige Silhouetten verschwundener Götter an die Wand zu malen, um ein Umdenken einzufordern, das angesichts des Abgrunds, an dem wir stehen, absolut notwendig ist. Der Begriff des *Geistessterbens* könnte dazu dienen, die dringliche Aufgabe dieses *Umdenkens* in Ökonomie, Technologie, Bildung, Kunst etc. mit anzugehen. Denn in seiner paradoxen Verfassung ist *Geistessterben* ein ungemein positives Wort; indem es einen tödlichen Zusammenhang bezeichnet, legt es doch gleichzeitig nahe, dass sein – für jede humane Zukunft unabdingbares – Gegenteil noch lebendig ist.

Literatur

Adorno, Theodor W.: Ästhetische Theorie, Frankfurt/Main 1973.

Adorno, Theodor W.: Notiz über Geisteswissenschaft und Bildung. In: Derselbe: Gesammelte Schriften, Band 10/2, Kulturkritik und Gesellschaft II, Frankfurt/Main 1977.

Bodenmann-Ritter, Clara (Hrsg.): Joseph Beuys. Jeder Mensch ein Künstler. Gespräche auf der documenta 5/1972, Frankfurt/Main, Berlin 1994.

Bröckling, Ulrich/Krasmann, Susanne/Lemke, Thomas (Hg.): Gouvernementalität der Gegenwart. Studien zur Ökonomisierung des Sozialen, Frankfurt/Main 2000.

Chatwin, Bruce: The Songlines, London 1987.

Commandeur, Beatrix/Dennert, Dorothee: Event zieht – Inhalt bindet. Besucherorientierung von Museen auf neuen Wegen, Bielefeld 2004.

Dany, Hans-Christian: Speed. Eine Gesellschaft auf Droge, Hamburg 2008.

Deleuze, Gilles: Postskriptum über die Kontrollgesellschaften. In: Derselbe: Unterhandlungen 1972–1990, Frankfurt/Main 1993.

Deleuze, Gilles/Guattari, Félix: Was ist Philosophie?, Frankfurt/Main 1996.

Fiedler, Leslie A.: Überquert die Grenze, schließt den Graben! In: Schröder, Jörg: MÄRZ MAMMUT, MÄRZ TEXTE 1 & 2, 1969–1984, Herbstein 1984.

Finke, Peter: Die süße Täuschung der Oberflächlichkeit. Über die Verdrängung unserer kulturellen Krise. In: Blätter für deutsche und internationale Politik, Heft 1/2010.

Flusser, Vilém: Lob der Oberflächlichkeit. Für eine Phänomenologie der Medien, Bensheim/Düsseldorf 1993.

Freud, Sigmund: Schriften über Kokain, Frankfurt/Main 1999.

Gibson, William: Neuromancer, München 1994.

Heidegger, Martin: Der Ursprung des Kunstwerkes, Frankfurt/Main 1977.

Heilemann, Ullrich: Schöpferische Zerstörung – Krisen-Lehren I. In: WSI Mitteilungen 3/2009).

Heiser, Jörg: Plötzlich diese Übersicht. Was gute zeitgenössische Kunst ausmacht, Berlin 2007.

Hegel, Georg Wilhelm Friedrich: Phänomenologie des Geistes, Ausgabe Hamburg 1952.

Honegger, Claudia/Neckel, Sighard/Magnin, Chantal: Strukturierte Verantwortungslosigkeit. Berichte aus der Bankenwelt, Berlin 2010.

Jaspers, Karl: Die geistige Situation der Zeit (1931), Ausgabe Berlin 1971.

Jünger, Ernst: Annäherungen – Drogen und Rausch. In Derselbe: Sämtliche Werke, Band XI, Stuttgart 1978.

Jünger, Ernst: Kaukasische Aufzeichnungen. In: Derselbe: Auswahl aus dem Werk in fünf Bänden, Stuttgart 1994.

Kamper, Dietmar: Zur Soziologie der Imagination, München 1986.

Kamper, Dietmar: Unmögliche Gegenwart. Zur Theorie der Phantasie, München 1995.

Kandinsky, Wassily: Über das Geistige in der Kunst, Bern 1952.

Kant, Immanuel: Kritik der Urteilskraft, Ausgabe Hamburg 1974.

Kaube, Jürgen (Hrsg.): Vorwort: Die falsche Reform. In: Derselbe: Die Illusion der Exzellenz. Lebenslügen der Wissenschaftspolitik, Berlin 2009.

Kirsch, Guy: Neue politische Ökonomie, Düsseldorf 1993.

Kittler, Friedrich: Synergie von Mensch und Maschine: In: KUNSTFORUM, Bd. 98, Januar/Februar 1989.

Leutenschläger, Gabriele: Hildegard von Bingen – die theologische Grundlegung ihrer Ethik und Spiritualität, Stuttgart 1993.

Lévi-Strauss, Claude: Strukturale Anthropologie, Frankfurt/Main 1971.

Lingner Michael: Krise, Kritik und Transformation des Autonomiekonzepts moderner Kunst. In: Lingner, Michael/Maset, Pierangelo/Sowa, Hubert (Hrsg.): ästhetisches dasein, Hamburg 1999.

Luhmann, Niklas: Die Realität der Massenmedien, Opladen 1996.

Müller, Albrecht: Machtwahn. Wie eine mittelmäßige Führungselite uns zugrunde richtet, München 2007.

Münch, Richard: Globale Eliten, lokale Autoritäten. Bildung und Wissenschaft unter dem Regime von PISA, McKinsey & Co., Frankfurt/Main 2009.

Plotin: Die Enneaden. Übersetzt von Hermann Friedrich Müller, Band 1, Berlin 1878/80.

Rauterberg, Hanno: Und das ist Kunst?! Eine Qualitätsprüfung, Frankfurt/Main 2007.

Rebentisch, Juliane: Ästhetik der Installation, Frankfurt/Main 2003.

Rosa, Hartmut: Beschleunigung. Die Veränderung der Zeitstrukturen in der Moderne, Frankfurt/Main 2005.

Sander, Klaus/Werner, Jan St.: Vorgemischte Welt, Frankfurt/Main 2005.

Schiller, Friedrich von: Über die ästhetische Erziehung des Menschen. In einer Reihe von Briefen, Ausgabe Stuttgart 1965.

Schirrmacher, Frank: PAYBACK. Warum wir im Informationszeitalter gezwungen sind zu tun, was wir nicht tun wollen, und wie wir die Kontrolle über unser Denken zurückgewinnen, München 2009.

Schollwöck, Ulrich: Professor Stachanov geht an die Börse: Irrungen und Wirrungen im Reich der Forschungskennziffern. In: Kaube, Jürgen (Hrsg.): Die Illusion der Exzellenz. Lebenslügen der Wissenschaftspolitik, Berlin 2009.

Schumpeter, Joseph: Theorie der wirtschaftlichen Entwicklung, Berlin 1934.

Sloterdijk, Peter: Du mußt Dein Leben ändern. Über Anthropotechnik, Frankfurt/Main 2009.

Stiegler, Bernard: Die Logik der Sorge. Verlust der Aufklärung durch Technik und Medien, Frankfurt/Main 2008.

Trojanow, Ilja/Zeh, Juli: Angriff auf die Freiheit. Sicherheitswahn, Überwachungsstaat und der Abbau bürgerlicher Rechte, München 2009.

Lieferbare Radius-Bücher. Eine Auswahl

Gerhard Begrich: Schönheit gilt es zu schauen
Poesie und Theologie
Peter Bichsel: Möchten Sie Mozart gewesen sein?
Christoph Dinkel (Hg): Im Namen Gottes. Kanzelreden zu den sechs Perikopenreihen. Sechs Bände [2008–2013]
Wolfgang Erk (Hg): Viele gute Wünsche
Literarische Annäherungen
Traugott Giesen: Macht hoch die Tür
Predigten und Kolumnen für die Weihnachtszeit
Peter Härtling: Dorther. Reisen aus dem Gedächtnis
Peter Härtling: Meine 75 Gedichte und zehn neue
Gisela u. Ulrich Häussermann (Hg): Frauengedichte der Welt
Gotthold Hasenhüttl: Christen gegen Christen
Der Streit um das gemeinsame Abendmahl
Klaus-Peter Hertzsch: Chancen des Alters. Sieben Thesen
Klaus-Peter Hertzsch: Der ganze Fisch war voll Gesang
Biblische Balladen zum Vorlesen
Klaus-Peter Hertzsch: Sag meinen Kindern, dass sie weiterziehn. Erinnerungen
Walter Jens: Die vier Evangelien
Walter Jens: Der Römerbrief
Walter Jens: Das A und das O. Die Offenbarung
Klaus-Peter Jörns: Glaubwürdig von Gott reden
Gründe für eine theologische Kritik der Bibel
Eberhard Jüngel: Anfänger
Herkunft und Zukunft christlicher Existenz
Eberhard Jüngel: Erfahrungen mit der Erfahrung
Eberhard Jüngel: Predigten *(6 Bände, auch einzeln erhältlich)*
Otto Kaiser: Das Buch Hiob. Übersetzt und eingeleitet
Otto Kaiser: Kohelet. Übersetzt und eingeleitet
Otto Kaiser: Weisheit für das Leben. Das Buch Jesus Sirach
Otto Kaiser: Die Weisheit Salomos. Übersetzt und eingeleitet
Reiner Kunze: Bleibt nur die eigne Stirn. Ausgewählte Reden
Wolfgang Lück: Himmelsmacht Segen
Gerd Lüdemann/Martina Janßen: Bibel der Häretiker
Nag Hammadi

Henning Luther: Religion und Alltag
Christoph Markschies: Wertsachen
Kurt Marti: DU. Eine Rühmung
Kurt Marti: geduld und revolte. die gedichte am rand
Kurt Marti: Gott im Diesseits. Versuche zu verstehen
Kurt Marti: Heilige Vergänglichkeit. Spätsätze
Kurt Marti: Prediger Salomo
Weisheit inmitten der Globalisierung
Gerhard Marcel Martin: Das Thomas-Evangelium
Gerhard Marcel Martin: Was es heißt: Theologie treiben
Elisabeth Moltmann-Wendel: Der auf der Erde tanzt
Spuren der Jesusgeschichte
Elisabeth Moltmann-Wendel: Gib die Dinge der Jugend
mit Grazie auf. Texte zur Lebenskunst
Martin Scharpe (Hg): Heilige Nacht. Heiliger Tag
Die 100 schönsten Weihnachtsgedichte und -geschichten
Martin Scharpe/Wolfgang Erk (Hg): Tag für Tag
Literarisches Geburtstagsbuch
Henning Scherf: Gast bei fremden Freunden
Eine Weltreise à la Scherf
Wieland Schmied: Bilder zur Bibel
Maler aus sieben Jahrhunderten erzählen das Leben Jesu
Wieland Schmied: Von der Schöpfung zur Apokalypse
Bilder zum Alten Testament und zur Offenbarung
Wieland Schmied: Guten Abend, Maestro
Nächtliche Gespräche im Museum
Wieland Schmied: Lust am Widerspruch. Biographisches
Georg Schützler: Liebe grünt zu grauen Zeiten. Über die Kunst, als Paar zu leben, am Beispiel von Philemon und Baucis
Fulbert Steffensky: Mut zur Endlichkeit
Sterben in einer Gesellschaft der Sieger
Fulbert Steffensky: Schwarzbrot-Spiritualität
Iwan S. Turgenjew: Mumu. Erzählung
Eva Zeller: Das unverschämte Glück. Neue Gedichte

Radius-Verlag · Alexanderstraße 162 · 70180 Stuttgart
Fon 0711.607 66 66 Fax 0711.607 55 55
www.Radius-Verlag.de e-Mail: info@radius-verlag.de

25, 34, 46, 51, 54, 58-59

64, 77, 101, 107, 109, 110-111